JN071505

▶ 事前対策から相続税調査まで ◀

あなたのための
新訂版 相続税
対策

Q&A方式のやさしい解説

税理士
中小企業診断士
渡邉正則

一般財団法人
大蔵財務協会

は　し　が　き

　本書の初版は平成9年、その後、改訂を重ね今回に至りました。その間、相続税の基礎控除の大幅な引下げや贈与税の新制度創設等、大きな改正がありましたが、今後も、相続税・贈与税の基本的な見直しといった流れは続くものと思われます（P61の一口情報参照）。

　ただ、時代は変わってもできることをする、といったことは共通していると思います。

　話は本書ができる前の時期に遡りますが、私が税務の職場に入ったのは昭和58年、ちょうどバブルが始まろうとしていた時期でした。当時、相続税の調査に伺うと表面的には仲が良さそうな相続人同士でも、個別に話を聞くとお互いの悪口を言い合うような場面に何度も出会いました。その度に他人の相続ながら「相続って何だろう」とか「お金って何だろう」とか、自分の仕事を越えて考えさせられた記憶があります。

　本来仲のよい親子や兄弟姉妹でも、お金が絡んだばっかりに、いがみ合うようになってしまう、それで結局誰も得をする人はいない、これは非常に不幸なことだと感じました。

　その後、一般の方々からの税務相談を受ける部署にいた頃は、バブルの絶頂期とその後の崩壊期に重なったためか、財産を守るために真剣に悩んでいる方や相続税の納税資金を集めるのに奔走している方などのお話を聞く機会が多くありました。

平成9年に税務の職場を離れ、税理士として多くの相続の場面に立会う機会を得ました。そして、相続に関係する方々の様々な思いを知ることができました。

　本書は、私の今までの税務の職場での経験と立場を変えた税理士としての経験を基に、どうしたら相続人の間でもめることなく上手に相続承継ができるのか、どうしたら財産を守っていけるのか、そのためには節税対策を含めどのような対策が必要なのかをできるだけ分かり易い表現で書いたものです。そのために、若干言葉の使い方が法律どおりでなかったり、事例での税額の算定が一部概算であったりする場面もありますが、ご理解頂きたいと思います。

　また、本書の特徴として相続のための事前対策から相続税の調査があった時の対応まで、時系列的にQ＆A方式で書いています。始めから読まれても結構ですし、興味のあるところを拾い読みされても結構です。

　いたずらに「相続税は高い」という強迫観念に怯えることなく、しっかりとした事前対策をし、賢い相続承継をされることを願っております。

　本書が相続、相続税を考える皆様に多少なりともお役に立てば望外の幸せです。

　末筆ながら、本書を出版する機会を与えてくださった財団法人大蔵財務協会の皆様に衷心より感謝を申し上げます。

　令和4年4月

税理士・中小企業診断士・CFP®

渡　邉　正　則

目　　次

◆相続の前に知っておきたいポイント◆

1

◆財産を守るための節税対策◆

◇贈与を活用した節税対策◇

◆相続時精算課税制度を利用した相続対策◆

◆ 納税資金等の事前準備 ◆

◇保険の活用等◇

◇相続税の納税を猶予してもらう特例の活用◇

◆相続が実際に起きたときの対応◆

◆相続税の計算の仕組み◆

◆資産の評価のしかた◆

◆遺産の分割のしかた◆

◆ 相続税の納税のしかた ◆

◆ 相続に関係するその他の税金 ◆

◆ 相続税の調査と対応 ◆

相続の前に知って
おきたいポイント

1 相続対策ってなに？　なぜ必要なの？

Q 世間では、よく相続対策とか相続税対策という言葉を耳にしますが、どういうことなのでしょうか。

また、なぜ必要なのでしょうか。

A 相続対策は言葉のとおり、相続が起きる前に対策を立てて相続に対応しようというものです。

それは右図のように、大きくは相続人間の争い防止策と相続税対策に分けられ、相続税対策は節税対策と納税資金対策とに分けられます。

これらの対策が必要なのは、簡単にいうと相続時の相続人の間での無駄なトラブルを避けスムースな相続を行うようにするためと、相続はしたが税金が払えないといったような状態を回避するためです。

実際、テレビドラマになったりもしますが、相続争いの話は後を絶ちませんし、相続税の支払いに苦労している人も大勢います。

そういった状態を極力避けるために事前準備は非常に重要なのです。

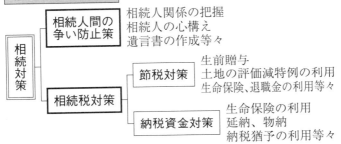

相続は実際にそれが起きてみないと、なかなかその重大さ、面倒さに気が付かないことがあります。

確かに生前から相続の話をするというのはお互いに気の引けるところがありますが、後々の相続人の幸せを考えれば後の祭りとならないよう今から手を打っておくべきでしょう。

◈ **相続人間の争い防止策**

相続は人間関係がそのまま出ると考えていいと思います。特にお金が絡むので、それはよりシビアになります。

そういった相続を、より円滑に終わらせるために事前の対策が必要になってきます。特に相続人の関係が複雑な場合（例えば先妻のお子さんと、後妻のお子さんがいるような場合等）は是非対策を講じられたほうがいいでしょう。

◈ **相続税対策／節税対策**

相続税は、一定額以上の遺産を相続した場合にかかりま

すが、税率は累進税率（遺産が2倍になると税金は2倍以上になるような税率）になっていますので、遺産の額が多いほど税金の負担は大変なものになります。そのため節税対策が重要であり、遺産の額が多いほど節税効果も大きくなります。

◆相続税対策／納税資金対策

　相続をしても相続財産が土地とか、上場されていない株式が多いと、すぐに換金できなかったり、換金が無理のような場合もあります。そのとき、何の対策もしていないと困ることになります。

注意点：税務調査をみすえた相続税対策

　種々の対策を行っても、相続税申告後に行われる税務調査で否認されてしまっては元も子もありません。特に贈与をしたのか単なる名義だけ借りた預貯金等なのかの判定は、よく問題になるところです。詳しくはP321を参照してください。

相続税がかからなくても相続対策は必要

　遺産の額がそれほど多額ではなく、相続税の支払いが必要ないから相続対策はいらない、というものではありません。税金がかからなくても、相続人間で遺産の分配の争いの起こる可能性は依然あるからです。トラブルが起こらないような対策が必要です。

| 一口情報 | 相続が上手くいかないと相続税が増える？ |

　相続税を計算する際、いろいろな特例（恩典）があります。これらの特例を使えれば相続税は低くなりますが、使えない場合は相続税はそのままです。そして、これらの特例の多くは、申告期限までに相続人間の遺産分割協議（遺産をどのように分けるか協議し決定すること・Q92参照）で合意がないと適用できません。

　遺産分割協議が決まらないと適用できないのは次のようなものです。

○　配偶者の税額軽減（配偶者が法定相続分か1億6,000万円までの相続なら相続税はゼロ・Q81参照）

○　小規模宅地等の特例（自宅の敷地や事業で使用していた敷地の評価が80％減額・Q36及び37参照）

　※　配偶者の税額軽減、小規模宅地等の特例については、一定の手続きをすると申告期限後3年以内に分割協議が決まった場合には特例の適用を受けることができます。

○　非上場株式等の納税猶予の特例（上場していない中小企業の株式を相続したり贈与を受けた場合の相続税や贈与税の納税が猶予される・Q75参照）

○　農地の納税猶予の特例（農家の方が農地を相続したり贈与を受けた場合の相続税や贈与税の納税が猶予される）

2 相続はなぜ争いになるの？　相続にあたっての心構えは？

> **Q** 　相続は「もめ事」が多いと言われますが、なぜそうなるのでしょうか。私の家庭は夫婦仲もよく子供も独立して各々暮らしています。このような場合でも争いになることがあるのでしょうか。
>
> 　もし、そうだとしたら、相続に対しての心構えのようなものがあれば教えてください。

A 　相続争いの話は枚挙にいとまがないところですが、色々なケースが考えられます。以下、相続争いになる理由と相続にあたっての心構えを考えてみましょう。

なぜ争いになるのか

　遺産を相続する場合、相続人の間が不和であったり、あまり普段の付き合いがなかったりすると、相続がうまくいかないことがよくあるようです。特に、相続人が異母（父）兄弟姉妹であるような場合は問題はより深刻になります。

　また、相続人の間で経済力に格差があったり、相続人の仲は悪くなくてもその配偶者同士の仲が悪いようだと火種は十分にあると考えていいでしょう。

　これらの要因が複雑に絡んでどうしようもないドロ沼にはまってしまう可能性は、誰の場合にも十分に考えられることです。

心構え

◆相続をさせる人（被相続人：普通は親）の心構え

まず第一に「うちに限っては大丈夫」と思い込まないようにされたほうがいいと思います。細かく見ていけば問題はいくつか出てくるはずです。

自分の亡き後、残された配偶者の面倒を誰がみるのか、どの子供にどの財産を相続させたいのか、子供はそれを受け入れられるのか、税金はどのくらいかかるのか、税金を払う資金があるのか、周囲に横やりを入れそうな親族はいないか等々、様々なことが考えられます。

これらのことを念頭に、理想的な相続をイメージし、対策を考えられることをお勧めします。

◆相続人（普通は被相続人の配偶者と子供）の心構え

法律の建前上、相続人の相続分は決まっており、子供については均分相続です。また、一部の相続人が優先して相続を受けることに、マッタをかける風潮も強まっていますし、相続人の中には自分だけは均等の相続でなければいやだと言う人もいるでしょう。

しかし、実際には各相続人の経済状態も各々違うでしょう。また、親の面倒をみていた人、親の家業を継いで仕事をしている人など、親に対する貢献度合いがそれぞれ異なるはずです。

残された配偶者の面倒を誰がみるのかも相続の上で非常

に重要です。「財産は均等にもらうが親の面倒はゴメンだ」では余りにも虫のいい話です。

　これらのことを踏まえて、相続人全員が互いに相手方の相続権を尊重し、法律的な知識も多少身につけて、協調しあって相続することが必要です。争っても精神的、時間的なコストがかかるだけと割り切るべきです。

　そして、基本的には相続人の間の話し合いとし、相続人の配偶者や子供がいたとしても、トラブルを防ぐためにはそれらの人達にはできるだけ口を出させないほうがいいでしょう。

3 相続を上手に行うためにはどうすればいい?

Q 　相続を上手に行うためには、具体的にどのようにすればいいのでしょうか。

A 　相続を上手に行うためには、相続をさせる側（普通は父、母親）と相続を受ける側（普通は配偶者、子供）の互いの協力が必要なことはいうまでもありませんが、以下それぞれのポイントをみていきましょう。

相続をさせる側（父、母親）

◆どのような相続がいいのかを考える

　自分の中でどのような相続が理想なのかを、まず考えてみてください。ご商売をされている方なら誰が後を継ぐのか、不動産を多く所有されている方ならどの土地を誰に相続させるのか、保険金を掛けている方なら受取人は誰にするのか（今のままでいいのか）、相続人以外でも財産を分けてあげたい人がいるのかどうか、残された配偶者の面倒を誰にみてほしいのか等々、色々な観点から相続を考えてみましょう。

◆自分の意志を明確にし、そして相続人に伝える

　自分の中で考えた相続というものを、機会をみて相続人になる人に話してみましょう。相続人の中からも色々な意

見が出るかもしれません。勿論、自分で考えたものと相続人の意見が違っても自分で納得すればその意見を取り入れればいいですし、そうでなければ、自分の気持ちや思いを話す機会を持つように心掛けるべきだと思います。

　また、それらの内容を記録しておくようにしましょう。

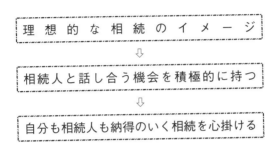

```
┌─────────────────────────┐
│ 理 想 的 な 相 続 の イ メ ー ジ │
└─────────────────────────┘
            ⇩
┌─────────────────────────┐
│ 相続人と話し合う機会を積極的に持つ │
└─────────────────────────┘
            ⇩
┌─────────────────────────┐
│ 自分も相続人も納得のいく相続を心掛ける │
└─────────────────────────┘
```

相続する側（配偶者、子供）

◈配偶者、子供間で話し合いを持つ

　親の意志が明確になったら、今度はその意志に基づいて配偶者と子供の間で相続財産の分割方法や、配偶者の面倒を誰がみるのか等、相続について具体的に話し合いましょう。

　また、それらの内容を記録しておくようにしましょう。

◈相続人の中から相続のまとめ役を決めておく

　相続というのは、様々な要素が絡んだ複雑な問題です。大きな争いにならないにしても、多少のゴタゴタはつきものです。

ですから、できれば相続人の中からまとめ役を選んでおいたほうがいいでしょう。そうしないと、いざトラブルになった時、誰もまとめる人がなくドロ沼化してしまう可能性があるからです。

　まとめ役に誰がいいかは一概には言えませんが、一般的にはご長男がされることが多いようです。

　また、相続人の中で適任者がいない場合、叔父さんや伯母さんに頼むこともあります。なお、相続人以外他の親族は入れたくないといった場合には、信頼のおける税理士や弁護士に依頼するようなケースもあります。

```
┌──────────────────────────────────────┐
│ 親の話を受けて相続人となる人の間で話し合う │
└──────────────────────────────────────┘
                    ⇩
┌──────────────────────────────────────┐
│ いざという時のためにまとめ役を作っておく   │
└──────────────────────────────────────┘
```

4 遺言はなぜ必要なの？ ないとどうなるの？

Q 知人から「いざという時のために遺言書を書いておいたほうがいい」と言われましたが、必要でしょうか。

私には、先妻との間に子供が2人、後妻との間に子供が1人おりますが皆仲良くやっています。

もし、遺言書を作らなかったとしたら、何か不都合はあるのでしょうか。

A 遺言書を書くかどうかはご本人次第ですが、次のような場合は、遺産相続でもめるケースが多く、遺言書を作成されることをお勧めします。

子供のいない夫婦

子供がいない遺産相続の場合、相続人は配偶者と亡くなった人（被相続人）の父母、父母が死亡している場合は兄弟姉妹です。父母は既に死亡している場合が多いですから、配偶者は被相続人の兄弟姉妹と遺産を相続することになりますが、もめることも多いようです。

もしここで遺言がない場合、兄弟姉妹から遺産の相続を主張され、遺産が自宅しかないような場合は泣く泣くそれを処分し代金を分配するしか方法はなくなります。

もし、遺言書で全財産を配偶者に相続させることになっ

ていればこのようなことは避けられます。

　兄弟姉妹には遺留分（遺言があっても法律で保証されている取り分）がありませんので更に効果的になります。

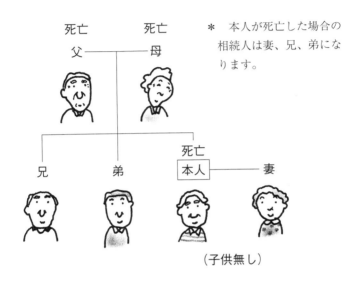

＊　本人が死亡した場合の相続人は妻、兄、弟になります。

（子供無し）

再婚した夫婦

　父（母）親が生きている間は遠慮もあり、言いたいことも我慢しているようなこともありますが、相続をきっかけとして、後妻と先妻の子との対立が表面化することもあるようです。また、先妻の子と後妻の子の関係もなかなかうまくいかないのが実情でしょう。

相続人の間に不和がある場合

　親の生前から相続人の仲が悪いと、きまって相続はもめるものです。相続になって皆仲がよくなったという話は聞いたことがありません。

相続人以外の人に財産を分けてあげたい場合

　例えば、子供の嫁は舅（姑）から相続することはできません。自分の世話をしてくれた嫁に対して、財産を残してあげたいときは、遺言をしておく必要があります。

　特に子供が先に死亡して、その後も嫁が面倒をみてくれている場合は余計にそうでしょう。

　また、最近は公益法人に遺産を寄付する方も増えています。そのような場合も遺言が必要です。

自分の事業を承継させたい場合

　自分でご商売をされているような場合、すべて子供が均分相続ということになると、親が長い間の努力で築き上げてきた事業が成り立たなくなってしまうことがあります。

　自分の後継者が決まっていれば、事業の関係の財産はあまり分散させず、その人に集中的に相続させる必要がでてきます。

　こういう場合にも遺言書が有効性を発揮するでしょう。

婚姻届を出していない夫婦

　事情があり婚姻届が出されていない場合、法律上は婚姻関係にないので相続権は有りません。ですから財産をあげたいときには遺言が必要になります。

遺言が効果的なケース

① 　子供のいない夫婦

② 　再婚した夫婦

③ 　相続人の間に不和がある場合

④ 　相続人以外の人に財産を分けてあげたい場合

⑤ 　自分の事業を承継させたい場合

⑥ 　婚姻届を出していない夫婦

5 遺言書にはどのようなものがあるの？

　遺言書にも色々な種類があるようですが、その内容と違いを教えてください。

　遺言は一般的に、**自筆証書遺言、秘密証書遺言、公正証書遺言**の3種類があります。いずれの場合も遺言の効果が生じたときは、遺言者は死亡しているのでその内容について確認できないため、法律で厳格な方式を定めています。

　これらの遺言書の特徴と相違は次のとおりです。

	自筆証書遺言	秘密証書遺言	公正証書遺言
作成方法	遺言者が財産目録を除いて全文、日付、氏名を自書し押印（実印・認印可） ＊日付は年月日まで記入。 ＊財産目録はワープロで作成可能です。	自筆証書遺言と同様に作成（ただし、代筆可）し署名印と同じ印で封印 公証人と証人2人以上の立ち会いで公証人が日付等を記入 遺言者、公証人、証人がそれぞれ署名、押印	遺言者が公証人役場へ行く（病気の場合は公証人が来てくれる） 2人以上の証人の立ち会いで公証人に口述、公証人が筆記 遺言者、公証人、証人がそれぞれ署名、押印

			* 遺言者は印鑑証明書を持参する
長所	作成が簡単 遺言内容を秘密にできる 手続きに費用がかからない	遺言内容を秘密にできる 改ざん、紛失のおそれがない	改ざん、紛失のおそれがない 無効になるおそれがない
短所	改ざん、紛失のおそれがある 無効になるおそれがある	手続きが繁雑 無効になるおそれがある	手続きが繁雑 費用がかかる 遺言内容を秘密にできない
検認	必要	必要	不要

6 遺言書のフォーム（様式）は？

 Q 　遺言書を作ろうと思いますが、フォームがわからないので教えてください。

A 　ここでは、一般的な自筆証書遺言のフォームをご紹介します。この遺言は**必ず遺言者本人の自書**（財産目録はワープロで作成可）で、できるだけ**内容をわかり**やすく記載してください。

　なおフォームは縦書きでも横書きでも結構です。

自筆証書遺言のフォーム

> 　　　　　　遺　言　書
>
> 　遺言者甲野太郎は、次のとおり遺言する。
> 一　遺言者はその所有に係る次の不動産及び預金を
> 　　妻、甲野花子に相続させる。
> 　(一)　東京都豊島区池袋〇丁目〇番
> 　　　　宅地　200平方メートル
> 　(二)　同所同番地所在
> 　　　　家屋番号　同所〇〇番
> 　　　　木造瓦葺二階建居宅一棟
> 　　　　床面積　120平方メートル
> 　(三)　遺言者名義の〇〇銀行〇〇支店の定期預金全部

二　遺言者はその所有に係る次の不動産を
　　長男、甲野一郎に相続させる。
　　　東京都中野区中野〇丁目〇番
　　　宅地　200平方メートル

三　遺言執行者として〇〇市〇〇町〇〇番地の弁護士、
　　乙川一夫を指定する。（注1）

　　　　令和〇年〇月〇日（注2）
　　　東京都豊島区池袋〇丁目〇番〇号
　　　遺言者　甲野太郎　㊞（注3）
　　　昭和十二年十二月二十五日生（注4）

（注）1　特に指定しなくてもよい。
　　　2　日付も自書、ゴム印等は不可。〇月吉日という書
　　　　き方も不可。
　　　3　捺印は必ずする。
　　　4　遺言者を特定できるよう記載したほうがよい。

《参考・遺言書を書く上での注意点》

　遺言書で「すべての財産を甲に相続させる」といったような記述をされているものもありますが、甲以外の相続人から遺留分（遺言があっても法律で保証されている取り分）を主張される可能性が高い場合は、遺留分を計算しその分の財産を除いたものを甲に相続させるとした方が賢明です。そうしないと、通常は話し合いがつくまでに多大な

時間と労力を費やすことになってしまうからです。

＊　遺留分についてはＰ278を参照してください。

一口情報　　公証人の手数料は？　　出張はしてくれる？

　遺言書を作成する場合の公証人の手数料は、財産の額によっても違いがありますが、例えば１億円で６万円程度と考えていいかと思います。

　また、遺言者が病気等で公証人役場へ出向けない場合は、公証人に指定の場所まで出張してもらうことも可能です。

一口情報　　遺言書の管理はどうする？

　公正証書遺言は、公証人役場に控えが保管されますので心配ありませんが、自筆証書遺言や秘密証書遺言の場合自宅に保管すると紛失や改ざんのおそれがないわけではありません。

　Ｑ７の遺言書保管制度のほか、信託銀行では、遺言書の保管や執行の業務をしていますので不安な方は相談されてもいいでしょう。

一口情報 配偶者居住権とは？　遺言で決められる？

　民法改正で、被相続人（亡くなった方）の死亡後の配偶者の生活維持のため、配偶者がそのまま建物に住み続けられることを確保するための「配偶者居住権」という新たな制度が創設されました。

　この「配偶者居住権」は、被相続人（例えば夫）が遺言書で配偶者（例えば妻）に建物に引き続き住んで欲しい旨の意思表示を明確にした場合や、相続人が遺産分割で配偶者に居住権を認めた場合に成立します。

　また、上記の他、被相続人の意思が必ずしも明確でなかったり遺産分割協議で居住権が認められなかったものの、長年居住していた事実を尊重して認められる「配偶者短期居住権」（基本的に6か月）といったものも併せて創設されました。

　なお、被相続人が相続開始の時に自宅建物を配偶者以外の方と共有していた場合は、「配偶者居住権」は認められませんので注意してください。

7 | 遺言書の保管制度とは？

Q 　最近、遺言書を法務局で預ってもらえるといった話を聞いたのですが、どのようなことでしょうか。公正証書遺言とは違うのでしょうか。自宅で保管するより安心なので、概要でよいので教えてください。

A 　ご相談の内容は、遺言書保管制度のことかと思いますが、自筆証書遺言のマイナス面を補う内容になっています。

遺言書保管制度とは

　遺言書保管制度とは、遺言をする方が作成した遺言（自筆証書遺言）を、法務局が預り、保管する制度です。

　そして、遺言をした方が亡くなった際に、法務局は相続人に遺言についてのお知らせの通知を行います（注）ので、遺言の存在が分からなくなってしまうこともありません。また、自筆証書遺言は、裁判所の検認を受けますが、そのような手続きもいりません。

（注）保管の申請時に指定した相続人に通知されます。

利用する場合の手順

（1）　自筆証書遺言を作成します。

(2)　ご本人の住所地、本籍地、所有する不動産の所在地を所轄する法務局に申請をします（所定の申請書（注）があります。）。また、ご本人が申請することが前提で、事前の予約が必要になります。

(注) 法務省のホームページで閲覧できます。

　　なお、予約に関する注意事項は下記のとおりです。

①予約は、手続を行うご本人が行ってください。

②予約を行うことができる期間は、30日先までです。

③当日の予約はできません。

④予約日の前々業務日の午前中まで予約をすることができます。

(3)　遺言書の保管を法務局に申請します。その時に、法務局で遺言書が所定の形式に合っているかチエックをします。もし、所定の形式にあっていない場合は、誤りを教えてもらえるので、誤りを訂正して保管することになります。自筆証書遺言を作成し自分で保管しても、形式に合わない場合は無効になってしまう可能性があり、そのようなリスクも回避することができます。

公正証書との相違

　Q5でも記載したように、公正証書遺言の場合は、2人以上の証人の立ち合いの下に公証人が筆記することになるため、将来的な遺言書の有効・無効の争いの可能性は非常に低くなります。一方、遺言書保管制度の前提は自筆証書遺言のため、公正証書に比べれば争いの可能性は少し大き

くなると言えます。

　また、上述したように、遺言書保管制度の申請については、遺言をする方ご本人が行う必要があり、法務局の担当の方が遺言をする方のご自宅に出張するようなこともありません（公正証書の場合は、必要に応じ公証人が出張可能）。

　一方、公正証書遺言は、費用がかなりかかりますが（P22参照）、遺言書保管制度は、費用が少額（手数料3,900円）です。まずは、自筆証書遺言を作成してみようと思われる方は、この制度を利用しても良いように思います。

一口情報　遺言の撤回・追加等

　遺言の保管を申請した法務局に遺言書が保管されると、遺言書原本は、その法務局に保管されているので、遺言書原本の閲覧や遺言書の保管の申請の撤回をする場合、その法務局で行うこととなります。

　2通目以降、追加で遺言書の保管の申請をする場合も、同じ法務局に対して申請する必要があります。

自筆証書遺言書保管制度

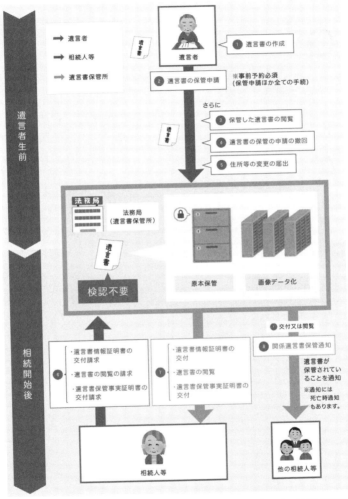

（出所：法務省HP）

8 | 相続人には誰がなれるの？

Q 　配偶者と子供が相続人になれるのは知っていますが、他の人が相続人になるようなケースもあると聞きました。

　どのような人が相続人になれるのか教えてください。

A 　法律では、相続することのできる人（法定相続人といいます）の範囲を特定しています。ですから、親族なら誰でも相続人になれるというわけではないのです。

　そして、相続には順位があります。なお、配偶者は順位に関係なく相続人になれます。

相続の優先順位

　第１順位………直系卑属（子、孫）

　第２順位………直系尊属（親、祖父母）

　第３順位………兄弟姉妹

相続できる人、できない人

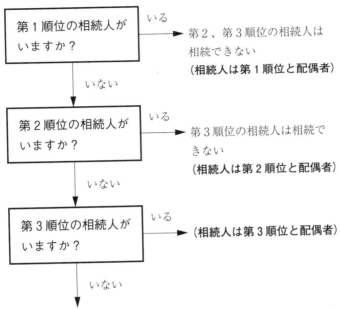

第1順位の相続人が
いますか？　　　いる　　→　第2、第3順位の相続人は
　　　　　　　　　　　　　相続できない
　　　　　　　　　　　　　（相続人は第1順位と配偶者）

　↓いない

第2順位の相続人が
いますか？　　　いる　　→　第3順位の相続人は相続で
　　　　　　　　　　　　　きない
　　　　　　　　　　　　　（相続人は第2順位と配偶者）

　↓いない

第3順位の相続人が
いますか？　　　いる　　→　**（相続人は第3順位と配偶者）**

　↓いない

配偶者がいれば配偶者、配偶者もいない場合、財産は特別縁故者
や国庫等に帰属する
（遺言で指定された人がいればその人に帰属する）

相続の順位

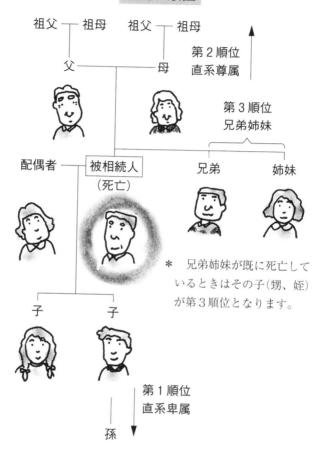

祖父 — 祖母　　祖父 — 祖母

父 ——————— 母

第2順位
直系尊属

第3順位
兄弟姉妹

配偶者 — 被相続人
　　　　（死亡）

兄弟　　姉妹

＊　兄弟姉妹が既に死亡して
　いるときはその子（甥、姪）
　が第3順位となります。

子　　子

第1順位
直系卑属

孫

9 子供が死亡している場合は孫が相続人？

Q 　被相続人（亡くなった人）が死亡する前に相続人である子供が死亡している場合、孫が相続人になれるのでしょうか。

A 　法律では、相続人になる予定の人が被相続人よりも早く亡くなってしまった場合、代襲相続というものを認めています。

　これは、相続人の代わりに相続する権利を引き継ぐというものです。

　ですから、ご質問の場合もお孫さんがお子さんを代襲して相続人になります。

孫が代襲相続人になるケース

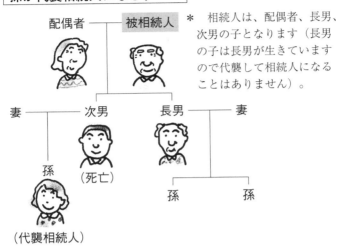

* 相続人は、配偶者、長男、次男の子となります（長男の子は長男が生きていますので代襲して相続人になることはありません）。

甥、姪が代襲相続人になるケース

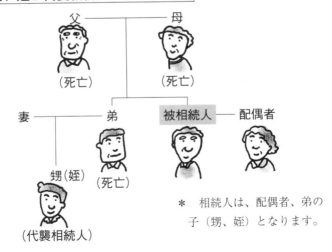

* 相続人は、配偶者、弟の子（甥、姪）となります。

10 相続人の相続分はどうなっているの？

Q 相続人によって相続分は決められているようですが、どのようになっているのでしょうか。

A 法律で相続人が決められていたように、相続分についても決められています。これを法定相続分といいますが、相続人が誰であるかにより違いがあります。

相続人と法定相続分

相　続　人	法　定　相　続　分
配偶者と子供	配偶者１／２、子供１／２
子供のみ （配偶者が既に死亡の場合）	子供が全部
配偶者と親	配偶者２／３、親１／３
親のみ （配偶者が既に死亡の場合）	親が全部
配偶者と兄弟姉妹	配偶者３／４、兄弟姉妹１／４
兄弟姉妹のみ （配偶者が既に死亡の場合）	兄弟姉妹が全部
配偶者のみ （他の相続人が既に死亡の場合等）	配偶者が全部

相続人と相続分

相続人が配偶者と子供

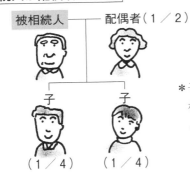

＊子供が2人いるのでその
相続分は1／2×1／2
となります。

相続人が配偶者と両親

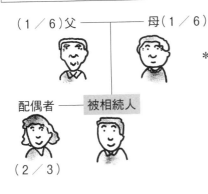

＊親が2人いるのでその相
続分は1／3×1／2と
なります。

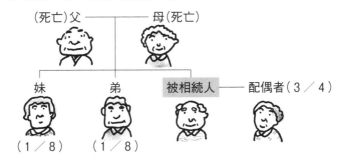

相続人が配偶者と兄弟姉妹

(死亡)父 ——————— 母(死亡)

妹 　　　　弟 　　　　被相続人 —— 配偶者(3／4)
(1／8) 　(1／8)

＊兄弟姉妹が2人いるのでその相続分は1／4×1／2となります。

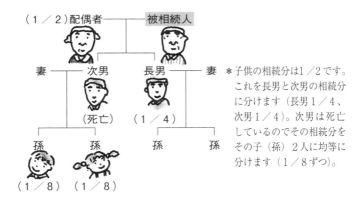

孫が代襲相続人になるケース

(1／2)配偶者 —————— 被相続人

妻 —— 次男 　　　 長男 —— 妻

　　　(死亡) 　　 (1／4)

孫 　　孫 　　　　孫 　　孫
(1／8) (1／8)

＊子供の相続分は1／2です。これを長男と次男の相続分に分けます(長男1／4、次男1／4)。次男は死亡しているのでその相続分をその子(孫)2人に均等に分けます(1／8ずつ)。

甥、姪が代襲相続人になるケース

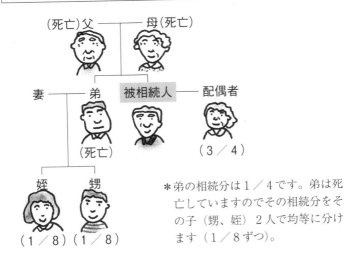

*弟の相続分は１／４です。弟は死亡していますのでその相続分をその子（甥、姪）２人で均等に分けます（１／８ずつ）。

※　実際の相続では、相続人の間で話し合いをし、法定相続分と違った遺産の分割をすることができます。遺産の分割の際は遺産分割協議書を作ります。詳しくはＰ282を参照してください。

11 相続税は誰にでもかかるの？

Q 「遺産を相続するのはいいが、相続税の支払いに苦労する」という話をよく耳にしますが、相続税はほんの少しの遺産を相続した場合でもかかってくるのでしょうか。

A 相続税は高い税金といわれていますが、被相続人（亡くなった人）の遺産の額が次の基礎控除額以下であれば、相続税は誰にもかかりません。

この基礎控除額は、言わば相続税の足切りラインと考えていいと思います。そして、基礎控除額は相続人の数により違ってきます。

基礎控除額の計算
3,000万円＋（600万円×法定相続人の数）

法定相続人	基礎控除額
1人	3,600万円
2人	4,200万円
3人	4,800万円
4人	5,400万円
5人	6,000万円

遺産の額 ≦ 基礎控除額
⇩
相続税はかからない

なお、被相続人に遺産の他に借入金等の債務があった場

合は、それを差し引いて残った額が基礎控除額以下であれば相続税はかかりません。

(**例**) 遺産の額　6,000万円

銀行からの借入金　1,500万円

相続人3人（妻、子2人）

⇩

6,000万円－1,500万円＜基礎控除額4,800万円
　　　　　　　　（3,000万円＋（600万円×3人））

⇩

相続税はかからない

12 相続税がかかるかどうかをフローチャートでチェック

Q 相続税がかかるかどうかの判定の基準を教えてください。

A 次のフローチャートで相続税がかかるかどうかをチェックしてみましょう。

なお、チェックの前に概算で結構ですので被相続人の全体の財産を計算しましょう。財産の評価についてはQ83〜88を参照してください。

◆相続税判定のフローチャート

```
あなたは被相続人(亡くなった人)の財産をもらいますか？ ──いいえ──┐
                    │はい                                        │
         ┌──────────────────────────┐                          │
         │被相続人の財産は基礎控除額                              │
         │[3,000万円＋(600万円×法定相続人数)]より大きいですか？│
         └──────────────────────────┘                          │
                    │はい                                   いいえ│
  いいえ   ┌──────────────────┐                              │
  ┌───│あなたは被相続人の配偶者ですか？│                          │
  │    └──────────────────┘                              │
  │             │はい                                           │
  │    ┌──────────────────────┐  いいえ                  │
  │    │あなたのもらった財産は1億6,000万円│──────(手続きは必要)│
  │    │もしくは法定相続分より大きいですか？│                      │
  │    └──────────────────────┘                          │
  │             │はい                                           │
  ▼             ▼                                       ▼      ▼
┌─────────────────┐              ┌──────────────┐
│相続税がかかる可能性が大きい  │              │相続税はかからない│
│ので被相続人の財産を正確に評 │              └──────────────┘
│価しましょう                  │
└─────────────────┘
```

（注）　法定相続分　配偶者と子供の場合……配偶者1/2、子供1/2

配偶者と親の場合………配偶者2/3、親1/3

配偶者と兄弟姉妹の場合……配偶者3/4、兄弟姉妹1/4

◈相続前に贈与があった場合の注意点

被相続人の死亡前３年以内に被相続人から贈与を受けた場合は、相続財産に贈与財産も加算して相続税の計算をしますので注意してください。

なお、相続時精算課税制度（Q65を参照）を選択している相続人の場合、選択後の贈与財産が加算されます。

◈土地や建物の評価について

土地や建物の評価については、Q52、83でご紹介していますのでここでは概略について説明します。

土地……次の２つのどちらかの方法で評価します。

① 路線価方式：評価する土地が面している道路に価格が付けられている（路線価）ので、それに面積を掛け合わせる。

② 倍率方式：固定資産税の評価額に決められた倍率を掛け合わせる。

建物……固定資産税の評価額×1.0

＊ 路線価及び倍率は国税庁のホームページや最寄りの税務署で調べられます。

固定資産税の評価額は、市町村役場（東京都内は都税事務所）で固定資産税評価証明書を取って確認することができます。

13 相続税のかかる財産はどんなもの？

 相続税のかかる財産にはどういったものがあるのでしょうか。教えてください。

A 相続税のかかる財産は、原則的には金銭的な価値のあるものすべてと考えていいでしょう。つまり、不動産や銀行預金から家庭用の動産（自家用車、テレビ等々）まですべてが税金の対象になるわけです。

　相続税のかかる財産を大きく分けると次の3つです。

本来の相続財産

　これは、被相続人（亡くなった人）から直接相続した財産のことです。

　一般的には次のような財産です。

① 土地（借地権も含まれます）、家屋
② 現金、預貯金、有価証券
③ 家庭用動産（自家用車、絵画、宝石、貴金属、テレビ、家具等々）
④ 実質的に被相続人の所有と考えられる家族名義の預貯金、有価証券等

　なお、お墓や仏壇、位牌等は課税の対象から外され、非課税となっています。

みなし相続財産

　これは、被相続人から直接相続した財産ではありませんが、被相続人の死亡がきっかけで得た財産ということで課税されるものです。一般的には生命保険金と死亡退職金です（ただし、非課税枠があります）。

3年以内の贈与財産

　これは、相続や遺言で財産を取得した人が、相続開始前3年以内に被相続人から贈与された財産のことです。相続税の計算上は、贈与を受けた人の相続財産に加算します。

　なお、支払済みの贈与税については相続税から控除されます。

相続時精算課税制度を選択した贈与財産

　相続時精算課税制度（Q65を参照）を選択した財産については、すべて相続財産に加算されます。

14 相続税の計算のアウトライン

 Q 相続税の計算の概略を説明してください。

A 相続税の計算は初めに課税価格の計算をし、相続税の総額の計算を経て、最終的に各人ごとの納付税額の計算をする3段階があります。

課税価格の計算

　各相続人が相続した財産の合計額（生命保険金、死亡退職金等も含まれます）

 $-$ …マイナス

被相続人の債務、葬式費用、非課税財産

$+$ …プラス

3年以内の贈与財産

⇩

課税価格の合計額

相続税の総額の計算

課税価格の合計額

 $-$ …マイナス

基礎控除額(3,000万円＋（600万円×法定相続人の数))

⇩

課税遺産総額

⇩

課税遺産総額 × 各相続人の法定相続分 × 税率 = **各人の仮の相続税額**

┗━▶（次ページ「相続税の速算表」参照）

⇩

各人の仮の相続税額の合計 = **相続税の総額**

⬇

各人ごとの納付税額の計算

相続税の総額 × 各人が実際に相続した課税価格 / 課税価格の合計額 = **各相続人の納付税額**

＊配偶者には税額軽減の特例があり1億6,000万円以下若しくは法定相続分までの相続であれば相続税はかかりません（申告手続きは必要です）。

計算のポイント

　相続税の計算では、直接各相続人の税額は求められません。つまり、自分が1億円相続したから税金はいくらかといった計算は直接できず、相続財産全体の相続税の総額を仮に計算し（この時、相続財産を法定相続分で相続したと仮定した相続税の合計額とします）、その後、相続税の総額を各相続人の実際の取り分に応じて配分するのです。

〔相続税の速算表〕

各相続人の法定相続分に応ずる取得金額	税率	控　除　額
0 ～ 1,000万円以下	10%	0
1,000万円超～ 3,000万円以下	15%	50万円
3,000万円超～ 5,000万円以下	20%	200万円
5,000万円超～ 1億円以下	30%	700万円
1億円超～ 2億円以下	40%	1,700万円
2億円超～ 3億円以下	45%	2,700万円
3億円超～ 6億円以下	50%	4,200万円
6億円超	55%	7,200万円

（注）　この速算表の使用方法は、次のとおりです。

　　　法定相続分に応ずる取得金額×税率－控除額＝各人の仮の相続税額

　　　例えば、取得金額3,000万円に対する税額は、3,000万円×15％－50万円＝400万円です。

一口情報	民法上の相続人数と相続税法上の相続人数の違い

　民法上の相続人で相続放棄をした者は、初めから相続人ではないと考えますが、相続税法で基礎控除額の計算や生命保険金、死亡退職金の非課税枠等の計算の上では相続放棄がなかったものとして相続人の数を計算します。

15 相続税の申告はいつまでに、どこにするの？

　　相続税の申告はいつまでにすればいいのでしょうか。

　また、申告書の提出先は相続人の住所地の税務署でいいのでしょうか。

　　相続税の申告の期限、納付の期限及び申告先の税務署は次のとおりです。

申告の期限

　相続の申告は被相続人の死亡した日（何かの事情で当日それを知らなかった人は知った日）の翌日から10か月以内にすることになっています。

　例えば、４月５日に被相続人が死亡したとすると、翌年の２月５日が申告期限となります。

納付の期限

　納付の期限は申告の期限と同じです。金銭で全額納付するのが原則ですが、延納（分割納付）や物納（土地等の物で納付）する場合は申告と同時に手続きが必要です。

申告先の税務署

　申告書の提出は、相続人の住所地に関係なく被相続人の

住所地の税務署に行います。また、相続人全員が一つの申告書で行います（注）。

> （注）　例えば、相続人間で争いがあり、一つの申告書で申告できない場合は、相続人ごとに被相続人の住所地の税務署に申告することも可能です。

◉相続税の申告と納付は、相続が起きてから10か月以内

◉申告書は被相続人（亡くなった人）の住所地を所轄する税務署に提出

16 贈与税ってどんな税金？　手続きはどうするの？

 物をもらったり、あげたりすると税金がかかるそうですが、どういうことなのでしょうか。

また、税金を払うのはもらった人なのでしょうか、あげた人なのでしょうか。

手続きのしかたも併せて教えてください。

A 物をもらった方に贈与税がかかります。

贈与税とは？

贈与税は、個人から個人に物をあげたときにかかる税金です。税金の対象となるものは金銭、不動産、動産等ほとんどのものです。ただし、後で述べるように110万円までは、税金はかかりません。

なぜ、贈与税ができたかというと、贈与税がないと生きているうちに親から子供に財産を移転してしまって相続税がまったくかからないといったことが起きてしまうためです。

つまり、贈与税は相続税の課税漏れを防ぐためにできた税金で、相続税を補完するためのものなのです。

贈与税を申告する人、申告書の提出先

　贈与税は、物をもらった人が申告します（あげた人ではありません）。

　申告書の提出先は、申告する人の住所地の税務署です。

贈与税の申告の期限、納税の期限

　贈与税は、1月1日から12月31日までの間にもらったもの（もらったものの合計です。例えばAさんから100万円、Bさんから50万円もらえば150万円になります）についての申告を、翌年の2月1日から3月15日までにします。

　贈与税の支払いも同じです。

もらったものの評価

　金銭はともかく土地や家屋などをもらった場合それらを評価し、その額で申告しなければなりません。

　評価のしかたは相続税の評価のしかたと同じです。詳しくはQ83〜88を参照してください。

贈与時期と申告時期

令和3年 　　　　　　令和3年 　　令和4年 　　　令和4年
　1／1 　　　　　　　12／31 　　 2／1 　　　　 3／15

　　　　　贈与時期 　　　　　　　　申告、納税時期
（贈与税の計算の対象となる期間）

　※仮に3月15日が土曜日の場合は3月17日に、日曜日の場合は3
　　月16日に申告、納税の期限が延長されます。

◉**贈与税は相続税を補完するためのもの**

◉**申告書は贈与を受けた人が自分の住所
　地を所轄する税務署に提出**

財産を守るための節税対策

- 贈与を活用した節税対策
- 小規模宅地等の特例を活用した節税対策
- 生命保険を活用した節税対策
- 退職金を活用した節税対策
- 養子縁組を活用した節税対策
- 土地評価等を活用した節税対策
- 相続税の非課税財産
- 譲渡所得の税金を少なくする方法

◇贈与を活用した節税対策◇

17 贈与が節税対策になるわけは？

Q 　生前の贈与が節税対策になるというのは、どういった理由からなのでしょうか。

A 　相続対策はＱ１でご紹介しましたとおり、大きくは相続人間の争い防止策と相続税対策に分けられ、相続税対策は節税対策と納税資金対策に分けられます。

　ここで、**生前の贈与は節税対策の柱**になります。

　つまり、生前に親から子供等に財産を少しずつでも贈与することによって相続財産を減らし、相続税の負担を軽くするわけです。

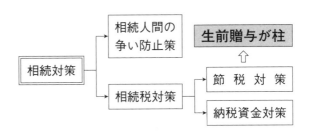

　例えば、相続人が妻と子供3人、相続財産が3億円の場合、何の対策もしないと相続税は2,540万円ですが、仮に3人の子供に10年間にわたって年間150万円ずつ生前贈与していた場合は、相続税と贈与税を合わせて1,985万円となり555万円も節税ができます。

　詳しくはQ18を参照してください。

〔例〕

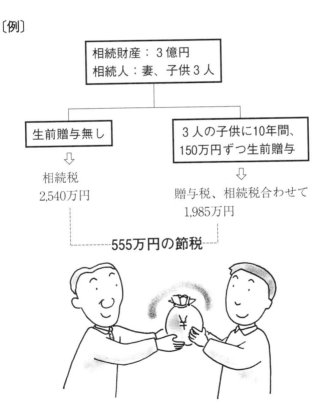

相続財産：3億円
相続人：妻、子供3人

生前贈与無し

相続税
2,540万円

3人の子供に10年間、
150万円ずつ生前贈与

贈与税、相続税合わせて
1,985万円

555万円の節税

18 110万円の非課税枠の利用は早い時期から計画的に

Q 私には妻と子供が３人います。今年から子供に毎年110万円ずつ現金を贈与しようと思っていますが、これによって相続税はどのくらい違ってくるのでしょうか。

なお、私の資産の総額は約３億円です。

A 贈与税には基礎控除があり110万円までは税金がかかりません。これを有効に利用すれば、長期的にはかなりの相続税が節税されます。

下記の図を見てください。仮に10年間110万円ずつ３人に贈与した場合は495万円、150万円ずつ贈与した場合は555万円の節税となります。

◈贈与の有無でこんなに違う

	総資産額３億円 （贈与しない）	総資産額３億円 （毎年３人に110万円ずつ贈与）	総資産額３億円 （毎年３人に150万円ずつ贈与）
贈 与 財 産	0	3,300万円	4,500万円
相 続 財 産 （資産総額−贈与分）	3億円	2億6,700万円	2億5,500万円
贈 与 税 額 相 続 税 額	0 2,540万円	0 2,045万円	120万円 1,865万円

56

(注) 税額合計	①	2,540万円	②	2,045万円	③	1,985万円
節税額 ①−②・③		−		495万円		555万円

(注)　配偶者は法定相続分を相続した計算となっているため、配偶者の税額軽減により税額はゼロです。詳しくはQ81を参照してください。

　相続税は一度に多額の税金がかかりますが、贈与を長期間に分けて少しずつ行うことによってかなりの節税が可能になります。また、贈与税には110万円の基礎控除があるため、これを上手に使えば税金なしで財産の移転もできます。

　つまり、110万円ずつ10年間贈与しても、贈与税はゼロということです。

◈贈与をしたときの注意点

①　できれば贈与の事実をはっきりさせるために110万円を超える額の贈与をし、贈与税の申告をすることをおすすめします。

　　後々贈与をした、しないで税務署ともめるよりそのほうがいいでしょう。

②　現金や預金を贈与した場合、その管理は贈与を受けた人が行ってください。例えば、預金を贈与した後、贈与した人が勝手にそれを引き出すようなことは避けましょう。贈与した事実がわからなくなってしまうからです。

19 親からの贈与と親戚からの贈与の税率は違う？

Q 私は子供や孫に贈与をしたいと考えているのですが、聞くところによると税率の優遇措置があるようですが、概要でよいので教えてください。

A お子さんやお孫さんが贈与を受けた場合、年齢的な条件はありますが、一般の贈与に比べ税率が低くなっています。そのため、贈与税を支払うお子さんやお孫さんの負担が少なくなります。

なお、この低い税率が適用できる受贈者（贈与を受けた方・お子さんやお孫さん）は、贈与を受けた年の1月1日現在（注）で20歳以上（令和4年4月1日以降は18歳以上）であることが必要です（注）。

（注）贈与を受けたときではありませんので注意してください。

贈与税率表

1 親や祖父母から子や孫が贈与を受けた場合の税率（特例税率）

基礎控除後の課税価格	税率	控除額
200万円以下の金額	10%	―
200万円超　400万円以下の金額	15%	10万円
400万円超　600万円以下の金額	20%	30万円
600万円超　1,000万円以下の金額	30%	90万円
1,000万円超　1,500万円以下の金額	40%	190万円
1,500万円超　3,000万円以下の金額	45%	265万円
3,000万円超　4,500万円以下の金額	50%	415万円
4,500万円超の金額	55%	640万円

2 上記以外の税率（一般税率）

基礎控除後の課税価格	税率	控除額
200万円以下の金額	10%	―
200万円超　300万円以下の金額	15%	10万円
300万円超　400万円以下の金額	20%	25万円
400万円超　600万円以下の金額	30%	65万円
600万円超　1,000万円以下の金額	40%	125万円
1,000万円超　1,500万円以下の金額	45%	175万円
1,500万円超　3,000万円以下の金額	50%	250万円
3,000万円超の金額	55%	400万円

計算例

　特例税率と一般税率とでは次のようにかなりの違いが出
てきます。

（ケース１：父から500万円、母から300万円の贈与／子の
年齢は21歳）

①　贈与財産の価額＝500万円＋300万円＝800万円

②　贈与税＝（800万円－110万円（基礎控除））×30％（注）
　　　　　　－90万円＝117万円

　　　（注）　特例税率が適用されます。

（ケース２：伯父から800万円の贈与）

①　贈与財産の価額＝800万円

②　贈与税＝（800万円－110万円（基礎控除））×40％（注）
　　　　　　－125万円＝151万円

　　　（注）　親や祖父母からの贈与ではないため一般
　　　　　　　税率が適用されます。

一口情報　贈与税・相続税の改正動向

　令和4年度の改正では、いわゆる相続税と贈与税の一体課税は見送りになり、税制改正大綱では「本格的な検討を進める」との表現になっています。まだ、越えなければならないハードルがありそうです。

　時間の長短はあるにせよ方向性としては、少なくとも従来からある暦年課税贈与（110万円の基礎控除・累進税率）の相続開始前3年加算（注）は見直されると思われます。

（注）　被相続人が亡くなる前3年間に相続人が受けた贈与財産額は、相続財産に加算して相続税を計算します。その分、相続税が高くなります。

　予想の範囲ですが、相続開始前10年〜15年程度の贈与財産が相続財産に加算される可能性が高いです。

　そのため、暦年課税を適用する贈与についてはできるだけ早い方がよいと思います。

　また、贈与税の非課税措置については、同大綱の中で「資産の早期の世代間移転を促進するための税制を構築していくことが重要である。・・・格差固定化防止等の観点を踏まえ、不断の見直しを行っていく必要がある。」としています。

　ここで、住宅取得資金の非課税贈与については、令和4年改正で非課税枠の減少はあるものの延長されており、基本的にはこの制度は続くものと思われます。

　一方、教育資金の非課税贈与及び結婚子育て資金の非課税贈与については、現在のところ令和5年3月31日までの時限立法です。令和5年度の税制改正で再度、議論されますが、見直しが入ることはほぼ確実と思われ（縮小・制限・廃止等）、これらの非課税贈与を適用するのであれば、こちらも早い方がよいと思われます。

20 配偶者への自宅の贈与は2,000万円まで無税

Q 私と妻は結婚して20年になります。妻は専業主婦ですので財産らしい財産はありません。

そこで、私名義の自宅を妻に贈与しようかと考えています。将来的に考えれば相続税対策にもなると知人からも勧められています。

聞くところによれば、配偶者に自宅を贈与した場合には特典があるとのことですが、どのような内容でしょうか。教えてください。

A 財産は夫婦の互いの協力で築かれるものだと思います。そのようなことから、婚姻期間が20年を過ぎた配偶者が自宅（または自宅を購入するための金銭）の贈与を受けても、基礎控除110万円のほかに2,000万円までは税金がかからないようになっています。

ただし、贈与税の申告が必要で、他にもいくつかの条件がありますので右のフローチャートで確認してください。

贈与税の配偶者控除(2,000万円)の特例判定のフローチャート (自宅の贈与を受ける人が判定してください)

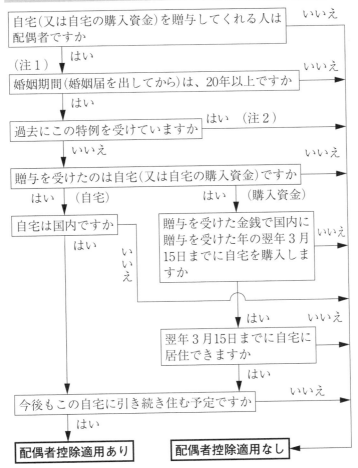

(注)1　婚姻期間が19年11か月でも該当しません。
　　2　過去にこの特例を受けていても贈与をしてくれた人が違
　　　えば（再婚の場合）特例が使えます。

なお、申告書に添付する書類は次のとおりです。

申告書に添付する書類

① 戸籍の謄本又は抄本

② 戸籍の附票の写し（戸籍謄本等を取る時一緒に取れます）

③ 贈与を受けた土地家屋の登記事項証明書

④ 贈与を受けた土地家屋の固定資産税評価証明書

＊金銭の贈与を受けた人は④の代わりに売買契約書、領収書等が必要です。

21 2,000万円の配偶者控除は土地に使った方が有利

Q 　結婚20周年を迎えたので、配偶者控除を使って妻に自宅を贈与しようと思っています。

　将来的に相続税を考えると、自宅の建物と土地のどちらを贈与した方がよいのでしょうか。

A 　将来的な相続税を考えると、土地を優先的に贈与することをお勧めします。

　建物と土地のどちらを優先的に贈与するかについては、次の2つの場合ごとに考える必要があります。

相続税の節税を考えた場合

　贈与税の配偶者控除を使う場合、建物から優先的に贈与するか、土地から優先的に贈与するかは迷うところですが、相続税の節税を考えれば評価額が上昇する可能性のある土地を優先させる方がいいと思います。

　つまり、土地の価格は長期的に見れば評価額は下がらないと思われますし、一方、建物の評価額は古くなればなるほど、減少していくからです。

自宅を売却（買換え）予定の場合

　贈与を行った後、将来的に自宅を売却する可能性がある

場合には、土地、家屋とも共有名義になるように贈与した方がいいケースもあります。

　つまり、自宅を売却する際にできる譲渡益からの特別控除が、建物も土地も共有名義ならそれぞれにつき3,000万円まで認められるからです。

　譲渡所得税は売却益にかかる税金なので、古くから所有していた土地建物で取得価格が低く、利益が多額に出る場合、控除が2倍（3,000万円×2人）使えた方が節税になるからです。

◈相続税の節税を考えた場合

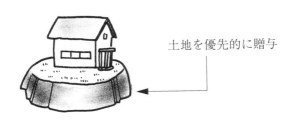

土地を優先的に贈与

◈自宅を売却（買換え）予定の場合

建物も土地も共有にする
　（売却時にかなりの利益が
　　予想されるケース）
　　　⇩
売却利益に対する控除が夫婦で
各々受けられる

22 親や祖父母からもらうマイホーム資金には大幅な非課税枠がある？

 今度、子供が自宅を新築するのに資金を少し援助してほしいと言われています。

私が子供にお金をあげれば、私の財産も減り相続税対策にもなるため援助しようと思っていますが、贈与税が心配です。

何かよい方法はないでしょうか。

 住宅を取得するための資金贈与には、次の非課税限度額まで贈与税はゼロという特例があります。

住宅取得等資金の贈与税の非課税限度額

非課税限度額は次のとおりです。

住宅用の家屋の新築等に係る契約の締結日（住宅用の家屋の種類）	省エネ等住宅	左記以外の住宅
令和2年4月1日から令和3年12月31日まで	1,500万円	1,000万円

贈与日（住宅用の家屋の種類）	省エネ等住宅	左記以外の住宅
令和4年1月1日から令和5年12月31日まで	1,000万円	500万円

※令和4年からは、契約の締結日ではなく贈与日で判断することに

68

なりますので、注意してください。

省エネ等住宅とは

　省エネ等住宅とは、省エネ等基準（①断熱等性能等級4若しくは一次エネルギー消費量等級4以上であること、②耐震等級（構造躯体の倒壊等防止）2以上若しくは免震建築物であること、又は③高齢者等配慮対策等級（専用部分）3以上であることをいいます）に適合する住宅用の家屋で、住宅性能証明書等を取得できるものです。詳しくは建築業者等に話をすればわかるはずです。

　下の表を見てください。通常の贈与とどれくらい違うかおわかりになると思います。

こんなに違う、一般の贈与と住宅取得等資金の贈与

（令和4年中の省エネ等住宅取得資金の贈与の場合）

（単位：万円）

贈与金額	贈　与　税　額		
	通常の贈与	住宅取得等資金	差引（これだけ得）
500	48.5	0	48.5
800	117	0	117
1,000	177	0	177
1,200	246	9	137
1,500	366	48.5	217.5
1,800	495.5	117	378.5
2,000	585.5	177	468.5

住宅を買うとき、親や祖父母がその資金の一部を援助してあげることはよくあります。この場合、親が住宅を自分で買ってそれを子供がもらうと通常の贈与になりますが、住宅用家屋（住宅用家屋と一緒に取得する土地を含みます）の取得のための金銭贈与を受けた場合は、上記のように非課税枠があります。

相続税の節税にも効果的

　ご質問の中にもありましたように、住宅取得資金の贈与は相続税対策としても有効です。

　例えば、子供が2人いて1,500万円ずつ贈与したとすると贈与税は48.5万円×2＝97万円です。贈与を受けずにそのお金を相続した場合、仮に相続税の税率が30％だとしたら3,000万円×30％＝900万円となり900万円－97万円＝803万円も節税できます。

適用を受けるための条件

(1)　贈与を受けた方の父母や祖父母等（直系尊属）からの金銭の贈与であること（配偶者の父母や祖父母からはダメですが配偶者自らが受ける場合はOKです）

(2)　贈与を受けた金銭を、家屋の購入代金（分譲住宅、マンション等の場合は土地代も含めた額）に充当していること

(3)　贈与を受けた方は、贈与を受けた年の1月1日において20歳以上（令和4年4月1日以降は18歳）であること

(4) 取得した住宅の床面積（マンションは区分所有部分の床面積）は40㎡以上240㎡以下であること

(5) 中古住宅を取得した場合、購入の日以前20年（耐火建築物の場合は25年）以内に建築されたものであること

> (注) 令和4年以降は、築年数の条件は廃止されます。また、新耐震基準に適合していること（昭和57年1月1日以降建築の家屋は適合しているものとされます）。

(6) 贈与を受けた年の翌年3月15日までに家屋の新築若しくは取得をすること

(7) 贈与を受けた年の翌年3月15日までに居住している（又は同日後まもなく居住する見込みである）こと

(8) 贈与を受けた方がその贈与を受けた年の合計所得金額2,000万円以下（家屋の床面積が40㎡以上50㎡未満の場合は1,000万円以下）であること

【例：令和4年中に親から子に1,500万円の住宅取得資金等を贈与】

① 贈与を受けた方(受贈者)の合計所得金額が2,000万円以下の場合

> 課税対象額 ＝1,500万円－1,000万円（非課税）
> －110万円（基礎控除）＝390万円

② 贈与を受けた方(受贈者)の合計所得金額が2,000万円を超える場合……特例適用はできません。

〔**贈与税の速算表**〕(注2)

課税価格（注1）	税　率	控　除　額
0 〜　　200万円以下	10%	0 円
200万円超〜　　400万円以下	15%	10万円
400万円超〜　　600万円以下	20%	30万円
600万円超〜 1,000万円以下	30%	90万円
1,000万円超〜1,500万円以下	40%	190万円
1,500万円超〜3,000万円以下	45%	265万円
3,000万円超〜4,500万円以下	50%	415万円
4,500万円超	55%	640万円

(注)1　基礎控除、及び贈与税の配偶者控除の控除後です。
　　2　従来からの暦年課税の速算表です。相続時精算課税制度では、別途税率（20％）が定められています。

申告のしかた

　この特例を受ける場合は、贈与を受けた翌年の申告の時期（2月1日〜3月15日）に下記の書類を添付して申告します。

〔**添付書類**〕
①　贈与を受けた日以後に作成された戸籍の謄本又は抄本
②　贈与を受けた年の合計所得金額を明らかにする書類（源泉徴収票、確定申告書の写しなど）
③　新築（購入）した家屋の登記事項証明書
④　新築（購入）した家屋を居住の用に供した日以後に作成された住民票の写し

留意点

◆受贈者が「住宅用の家屋」を所有すること

　受贈者が「住宅用の家屋」を所有する（共有持分を有する場合も含まれます）ことにならない場合は、この特例は適用できません（土地だけの取得では不可）ので注意してください。

◆贈与を受けた年の翌年3月15日までに、住宅取得等資金の全額を充てて住宅用の家屋の新築若しくは取得することの意味

　「新築」には、贈与を受けた年の翌年3月15日において屋根（その骨組みを含みます）を有し、土地に定着した建造物として認められる時以後の状態のあるものが含まれます（完成していなくても可）。

　なお、「取得」の場合には、これらの状態にあるものが含まれません（完成していなければ不可）ので、贈与を受けた住宅取得等のための金銭を建売住宅又は分譲マンションの取得の対価に充てている場合でも、贈与を受けた年の翌年3月15日までにその引渡しを受けていなければ、この特例を適用できませんので注意してください。

◆期限内申告であること

　この特例を適用するためには、期限内（2/1〜3/15）に贈与税の申告が必要となります。

【住宅取得等資金の贈与税の非課税と他の贈与税の特例との関係】

前述の内容は、住宅取得等資金の贈与の非課税と110万円の基礎控除を使う通常の贈与課税（暦年課税）についてのものですが、実際には、次頁の図のように相続時精算課税との組合せも考えられます。なお、相続時精算課税についてはQ65を参照ください。

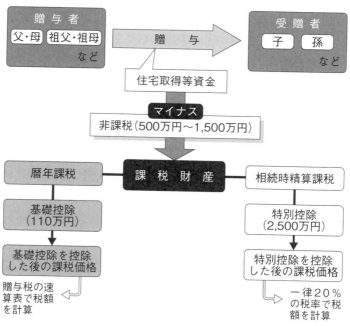

（注）　相続時精算課税は、祖父母、父母からの贈与に限ります。

23 住宅取得等資金の贈与税の非課税特例の使い方は？

Q 住宅取得等資金の非課税特例についてどのような使い方があるのか、教えてください。

A 住宅取得等資金の贈与は、親からの贈与でも特例は適用できますし、祖父母からの贈与でも適用できます。そのため、次のような活用例が考えられます。

なお、非課税金額は時期により異なります。

ケース1：本人が親から贈与

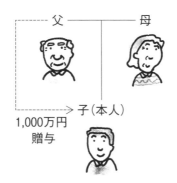

父 —— 母

→ 子（本人）
1,000万円
贈与

○住宅購入代金：2,000万円

○自己資金又は銀行借入金：1,000万円

○父からの贈与：1,000万円

○住宅名義：子（本人）

ケース２：本人が親から贈与＋配偶者が親から贈与

○住宅購入代金：2,000万円
○本人父から贈与：1,000万円
○配偶者母から贈与：1,000万円
○住宅名義：子(本人)$\frac{1}{2}$、子(配偶者)$\frac{1}{2}$

(注)　ケース１及びケース２で住宅購入代金が3,000万円だったような場合、不足する1,000万円を子(本人)の父が負担したようなとき（贈与はしない）は、住宅名義は以下のようになります。

〈ケース１〉子（本人）$\frac{2}{3}$、父 $\frac{1}{3}$

〈ケース２〉子（本人）$\frac{1}{3}$、子（配偶者）$\frac{1}{3}$、父 $\frac{1}{3}$

なお、ケース３についても同様の考え方となります。

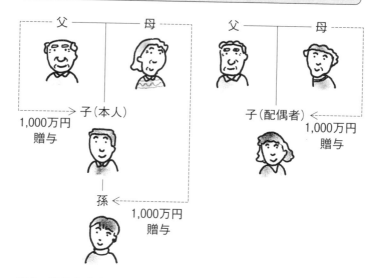

（注）　贈与を受けられる方は贈与を受ける年の１月１日現在で20歳
　　　（令和４年４月１日以降は18歳）以上であることが必要なので、
　　　特に孫が贈与を受けるような場合は、年歳に気を付けてくださ
　　　い。

○住宅購入代金：3,000万円

○本人父から贈与：1,000万円

○配偶者母から贈与：1,000万円

○祖母から孫に贈与：1,000万円

○住宅名義：子（本人）$\frac{1}{3}$、子（配偶者）$\frac{1}{3}$、孫$\frac{1}{3}$

一口情報 **住宅取得等資金の非課税贈与分は相続財産に加算しなくていい？**

　相続税法では、相続が開始する3年以内に相続人の方が被相続人（亡くなった方）から贈与を受けた場合、それらの財産は、相続財産に加算され相続税を計算することになっています（支払済みの贈与税は差し引かれます）。しかし、住宅取得等資金の非課税特例を使って贈与が行われた場合には、時期を限らず相続財産への加算はありません。例えば、令和4年の1月に子供が1,000万円の贈与を受け、令和4年3月に親が亡くなっても贈与を受けた1,000万円は相続財産に加算する必要はありません（贈与税の申告手続きは必要です）。贈与の年と相続の年が同じ年であっても扱いは一緒です。

　なお、P61の一口情報にも記載がありますが、今後の改正動向には注意してください。

24 住宅取得等資金の贈与の非課税特例と住宅ローン控除は併せて適用できる？

Q 　私は本年（令和4年）住宅購入のため、その資金について祖母に相談したところ、祖母も将来のことを考えて、1,000万円の贈与をしてくれました。住宅（省エネ住宅）の購入価額は3,800万円で、銀行からの借入金は他の経費分も考慮して多めに3,000万円としました。来年（令和4年）の確定申告の時期に、贈与税の申告を行う予定ですが、これに合わせて所得税の申告でも、住宅借入金等の特別控除（ローン控除）をしたいと思っていますができるでしょうか。もし、できる場合、3,000万円を基に計算をしても特に問題ないでしょうか。

A 　住宅取得資金の贈与に加え、所得税でもローン控除も併せて適用できます。ただ、ご注意頂きたいのは、ローン控除を受ける際、実際の借入金額の3,000万円ではなく、3,800万円から贈与を受けた1,000万円を差し引いた残額の2,800万円を基に計算することになる点です。

住宅取得資金等の非課税贈与について

　P71でもご説明しましたように、父母や祖父母から住宅取得等資金の贈与を受けた方が、贈与を受けた年の翌年3月15日までにその住宅取得等資金を自分が住む家屋の新築

や取得等のために使用した場合は、一定額が贈与税の非課税扱いになります。

　ご質問のケースでは、令和4年贈与の省エネ住宅のようですので、贈与税の非課税金額の限度は1,000万円となります。

住宅借入金等特別控除と住宅取得等資金の贈与の関係

　住宅借入金等特別控除（ローン控除）の規定の適用を受ける金額の計算では、住宅取得等資金の贈与の非課税規定の適用を受ける場合には、その適用を受ける贈与金額を住宅の購入価額から差し引いた額を基にすることになっています。

　そのため、具体的には、住宅借入金等の金額は、次の低い方の金額になります。

①　住宅の取得等のための借入金の金額（ご相談のケースでは3,000万円）

②　住宅の購入価額から住宅取得等資金の贈与の規定の適用を受ける贈与金額を控除した金額（ご相談のケースでは、2,800万円（3,800万円－1,000万円）

　結果として、2,800万円となります。

25 1,500万円までなら教育資金はただで贈与できる？

Q 私は、３人の小学生の孫がいます。何かと教育費がかかるようで、援助してあげたいと思っていますが、税金のことが心配です。

友人の話では、教育資金の贈与が非課税になるような有利な特例があるとことですが、どのようなものなのでしょうか。

A 教育資金を負担してあげた場合、その都度、学校等に支払ってしまうようであれば、こられの負担（贈与）は非課税です。ただ、まとめて贈与し、長い期間をかけて贈与された資金から教育費を支払うような場合は、贈与税がかかります。そのため、このようなケースでは、教育資金の非課税贈与の特例を使うと有利です。

教育資金の非課税贈与とは？

教育資金の非課税贈与は、適用できる期間が決まっており、令和５年３月31日までの間です。

そして、教育資金に充てるため、父母や祖父母（直系尊属）から贈与を受けた場合（贈与を受けた方は30歳未満に限ります）1,500万円までの金額については、贈与税が非課税となります。

また、仮に贈与を受けた方が30歳に達した時に、贈与を

受けた金銭の中に使い切っていない金銭がある場合、その残額はその時（30歳に達した時）に贈与者から贈与があったこととされ贈与税がかかります（注）。

（注）　贈与を受けた方が小学生や幼稚園児のようなケースでは、通常は、贈与された教育資金は使い切ってしまうと思います。

なお、これの手続きは、金融機関を通して税務署に非課税申告書を提出することで行われます。

贈与をした方が亡くなったとき

贈与を受けた方が30歳に達する前に、教育資金の贈与者をした方（父母、祖父母）が死亡した場合には、基本的には、贈与された教育資金の残りがあれば、贈与をした方から相続等によって取得したこととされ、相続税がかかります。

ただし、贈与をした方の死亡日において受贈者が23歳未満である場合や学校等に在学している場合などは相続等によって取得されたことにはならず、相続税はかかりません。

一口情報　教育資金の非課税は令和5年まで？

教育資金の非課税贈与については、現在のところ令和5年3月31日までの時限立法です。令和5年度の税制改正で再度、議論されますが、見直しが入ることはほぼ確実と思われ（縮小・制限・廃止等）、これらの非課税贈与を適用するのであれば、早い方がよいと思われます。

26 同じ財産、贈与が得？　相続が得？

私の財産は試算してみると、だいたい3億円です。

生前に妻や子供にその一部を贈与しようと思いますが、贈与税も高いと聞きます。

私のような場合、どの程度の贈与までなら相続税より贈与税の方が得なのでしょうか。

なお、私の家族は、妻と子供3人です。

相続税と贈与税を比較すると相続税の方が税率は大幅に低く設定されていることがわかります。

そのため、相続税対策とはいっても必要以上の贈与は、かえって損になってしまうでしょう。

そこで、生前贈与した場合の贈与税と相続税との実際の税金の負担率を求めて比べてみることにします。

3億円に対する相続税は、法定の相続分で計算すると、2,540万円になります（配偶者は税額軽減の特例を使って税額はゼロとします）。

3億円の財産に対する2,540万円の割合（2,540万円÷3億円）は8.46％です。

つまり、実際の負担税率が8.46％ということです。

ですから、贈与税の実際の負担税率がこれ以下であれば、贈与をした方が得ということになります。

```
┌─────────────┐      ┌─────────────┐
│ 相続税の実際  │  >   │ 贈与税の実際  │
│ の負担税率   │      │ の負担税率   │
└─────────────┘      └─────────────┘
        ⇩
    ┌─────────┐
    │ 贈与が得 │
    └─────────┘
```

　贈与税の速算表を基にして贈与税の実際の負担税率を算出してみると下の表のようになります。

　この表から、8.46％に対応する贈与金額をみてみますと、400万円から500万円の間にあることがわかります。

　細かく計算すると、約405万円になり、これ以下の贈与であれば贈与の方が得になります。

◈贈与金額と実際の負担税率

*110万円は基礎控除額

贈与金額	税　　　　額	実際の負担税率
150万円	4万円（(150万円 −110万円*)×10％)	2.7％（4万円÷150万円）
200万円	9万円（(200万円 −110万円*)×10％)	4.5％（9万円÷200万円）
300万円	19万円（(300万円 −110万円*)×10％)	6.3％（19万円÷300万円）
400万円	33.5万円（(400万円 −110万円*)×15％−10万円)	8.38％（33.5万円÷400万円）
500万円	48.5万円（(500万円 −110万円*)×15％−10万円)	9.7％（48.5万円÷500万円）

（参考）　　　　　　〔贈与税の速算表〕(注2)

課税価格（注1）	税　率	控　除　額
0 〜　　200万円以下	10%	0 円
200万円超〜　　400万円以下	15%	10万円
400万円超〜　　600万円以下	20%	30万円
600万円超〜 1,000万円以下	30%	90万円
1,000万円超〜1,500万円以下	40%	190万円
1,500万円超〜3,000万円以下	45%	265万円
3,000万円超〜4,500万円以下	50%	415万円
4,500万円超	55%	640万円

（注）1　基礎控除、及び贈与税の配偶者控除の控除後です。

　　　2　従来からの暦年課税の速算表です。相続時精算課税制度で
　　　　は、別途税率（20%）が定められています。

　　　3　税率は特例税率と一般税率があります。詳しくはP59を参
　　　　照してください。

一口情報　累進税率とは？

　相続税、贈与税、所得税はすべて累進税率になっています。

　これはどういう仕組みかというと、例えば親から500万円の贈与を受けたとします。課税されるのは500万円から基礎控除額110万円を差し引いた390万円です。

　このときの贈与税の計算は次のとおりです。

① 　390万円のうち200万円までは税率10％

② 　200万円から390万円までの税率は15％

　　①＋②＝20万円＋28万5,000円＝48万5,000円

　段階的に税率が上昇するのが分かるかと思います。

　税金の速算表ではこれらの段階的な計算を簡便にするため控除額で調整しています。

　速算表は前ページを参照してください。

27 子供より孫に贈与した方が有利な場合もある

Q 相続に備え子供に毎年贈与してきましたが、相続前3年以内の子供への贈与については相続財産に入れられてしまうと聞きました。これは本当でしょうか。本当なら何か対策のようなものはあるのでしょうか。

A 本当です。この場合、相続人にならない孫や、子供の嫁（娘婿）等に贈与する方法があります。

　生前に贈与により相続財産を減少させることは、相続税対策につながりますが、配偶者や子供など相続人になる人に贈与しても、その後3年以内に相続となった場合、贈与した財産は相続税の対象に取り込まれてしまいます。

　ここでポイントは、相続人になる人以外に贈与してもこのような制限はないということです。

　つまり、孫や子供の嫁、娘婿などに贈与することによってうまく財産を引き継がせることが可能になるわけです。

　特に、孫に贈与すれば、親から子の相続税のみならず子から孫への相続税もかからずに済みます。言わば相続税を1回飛び越せることになるわけで、子供の相続税対策にもなります。

３年以内の贈与が認められる人

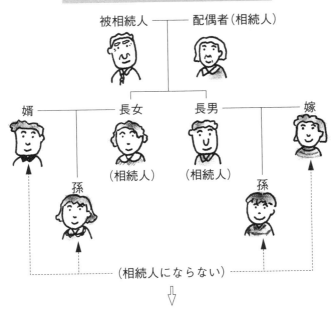

被相続人 ── 配偶者（相続人）

婿 ── 長女　　長男 ── 嫁

（相続人）　（相続人）

孫　　　　　　孫

（相続人にならない）

⇩

相続開始前３年以内の贈与が認められる

孫への贈与は相続を１回飛び越す効果もある

被相続人 ┄┄┄┄┄ 子供 ┄┄┄┄┄ 孫

（相続人）

28 いったん贈与したものを取り消すことはできる？

Q 私は土地を購入する際、妻と2分の1ずつの共有にしました。

資金は私が全部出しましたが、知人から「妻への贈与になるのではないか」と言われました。

そのためこの贈与を取り消し、持分を私名義にしようと思いますが可能でしょうか。

A 土地や株式を購入する際に、自分が資金の負担をしているにもかかわらず安易に妻や子の名義にしてしまうケースはよくあります。

このような場合、実際にお金を出さずに妻や子供が資産を取得したことになるわけですから、原則的には贈与になります。

ただし、不注意でこのようなケースになってしまった場合、取り消しは可能です。

つまり、贈与税の申告は、贈与のあった年の翌年の3月15日までなので、この日以前に気が付いたときには財産の名義を贈与者本人に変更すれば大丈夫です。

申告期限を過ぎてしまった場合でも、税務署の調査で税額が決定するまでなら取り消すことができますが、いつ決定されるかは不明なため申告期限までに取り消すのがいいでしょう。

不注意な贈与は取り消せる

土地売買契約

```
┌──────────┐
│          │
│          │
│  (土地)  │
│          │
│          │
└──────────┘
```

⇧

夫が3,000万円
を払って購入

⇨

土地の名義

```
┌──────────┐
│ 夫1／3   │
│ 妻1／3   │
│ 子1／3   │
│ (土地)   │
└──────────┘
```

＊夫から妻、子へ1,000万
　円ずつ贈与したことに
　なってしまう。

⇩

土地名義の変更

```
┌──────────┐
│          │
│ 夫3／3   │
│          │
│ (土地)   │
└──────────┘
```

＊贈与が取り
　消される。

91

29 幼児に対しても贈与できる？

Q 私には3歳になる子供がいます。将来のこと
を考えて今から贈与をしたいと思っていますが、
できるでしょうか。
　また、できるとしたら申告は誰がするのでしょうか。

A 幼児に対して贈与する場合は、法定代理人（通常
は親）に対してすることになります。

　そして、結果として本人（幼児）の財産となります。

　ここで、できれば基礎控除（110万円）を超える贈与を
して申告をし、贈与事実を確実なものとしておいた方がい
いと思います。

　また、幼児が成長し贈与の事実を認識できるようになり、
自分で贈与してもらった財産の維持、管理ができるように
なってからは、本人にそれをさせなければなりません。そ
うしないと、贈与したものなのか、単に名義を借りたもの
なのか判別が難しくなってしまうからです。

　例えば、預金や株式を贈与した場合、その預金通帳や印
鑑、株券などは贈与を受けた本人が管理をするようにし、
その利子や配当金も本人が受け取るようにする必要があり
ます。

　間違っても利子や配当を贈与者が受け取るようなことは
しないことです。

　なお、贈与税の申告は法定代理人（通常は親）が幼児の名前で申告することになります。

幼児に対する贈与も十分可能

一口情報　年少者への贈与の典型例

　教育資金の非課税贈与（P82参照）を受ける人は年少者が多く、本人が署名等ができないため、法定代理人の親が署名して非課税申告書を提出します。

　年少者への贈与が可能な典型的な例です。

30 親からの借入金は贈与になる？

Q　子供が「家を建てるのでお金を貸してくれないか」と言ってきましたが、親子間のお金の貸し借りは贈与にはならないのでしょうか。

　子供は「借りたお金は必ず返す」と言っていますがどうでしょうか。

A　親子間の金銭の貸し借りは、第三者（銀行等）との貸し借りと違って、どうしても「ある時払いの催促なし」となってしまうことがあります。

　その場合は、実質的に贈与となってしまい贈与税が課税されるでしょう。

　しかし、次のような注意点を守って実際に借入金の返済を行うようであれば、贈与とはなりません。

◆金銭消費貸借契約書を作成すること

　金銭消費貸借契約書により、贈与ではなく貸借であることを確認します。

◆借入金の返済の事実を証明できるようにすること

　現金の手渡しでは返済の証明のしようがありません。領収書の発行もあまり意味がないでしょう。

　貸主の銀行口座に返済金を振り込むなどして証拠を残し

てください（振込控は保存しておきましょう）。できれば、自分が振り込んだお金の源資（自分の銀行預金の引出し等）もはっきりさせておいた方がいいと思います。

◈借入金の返済計画が可能であること

　借入金の返済計画が、子供の収入から見て実行可能かどうかをチェックする必要があります。例えば、月々返済金が10万円で、収入が15万円だとしたら本人の生活費も考えればかなり無理な計画だといえるでしょう。

◈金利を付けること

　銀行から借入れをすれば、必ず金利が付きます。親子間でも無利息というのは避けましょう。金利は銀行の金利（一番低いものでよいと思います）を参考にされるとよいでしょう。

親から借入れする時は注意

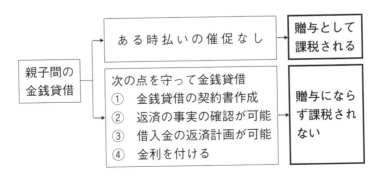

31 親の土地を子供がただで借りて自宅やアパートを建てたら贈与になる？

Q 私の自宅の敷地の一部に長男が家を建てることになりましたが、親子間ですので地代のやり取りはしないことにしました。

この場合、贈与の問題が起きるのでしょうか。

また、私が持っている土地に長男がアパートを建てるという話も出ているのですが、いかがでしょうか。

A 一般的に他人に土地を貸して家を建てさせるような場合、権利金を取るでしょうし、月々地代も受け取るでしょう。

この場合、相手には借地権という権利が発生します。

これに対し、親が子供にお金を取らずに土地を貸し（使用貸借といいます）、家を建てさせるような場合、子供が無償で借地権をもらってしまったとして贈与税が課税されるのではないかと思われる方もいらっしゃるでしょう。

しかし、実際には親子のような親族間のお金を取らない土地の貸借については、借地権をあげた、もらったとは考えず贈与税はかからないような制度になっています。

そのため、この長男が貴方の土地の上に自宅やアパートを建てたとしても、特に贈与税がかかるようなことはありません。

◆相続時の土地評価

相続が起きたときのその土地の評価は、他人に貸しているような場合は、相手に借地権がありますので底地評価になります。

一方、使用貸借で子供に貸しているような場合は、子供の借地権を考慮せず更地（100％）の評価になります。

土地の評価についてはQ83を参照してください。

お節介な一言

子供としては、本来親に対して払わなければならない地代を払わなくて済むわけですから、その分将来の相続税の支払いに備えて預金をしてはどうでしょう。

32 祖父母が孫の大学の入学金や結婚式の費用を支払ってあげたら？

Q 私には、孫が2人（長男の子と長女の子）います。今年、長男の子は東京の大学に入学することになり、また、長女の子は結婚することになっています。私としては、お祝い代わりに長男の子の入学金や東京で暮らし始めるための準備費用、長女の子の結婚式や新婚旅行の費用を負担してあげようと思っています。

　知人の話では、誰でもお金をもらったような場合は、贈与税がかかるとのことですが、私の孫にもかかってしまうのでしょうか。

A 財産の贈与を受けた場合で、年間の合計が110万円を超えるときは、通常、贈与を受けた方に贈与税がかかります。ただ、ご相談のお孫さんへの贈与は、非課税となる贈与と考えられますので、贈与税はかかりません。

非課税となる贈与とは？

　扶養義務者から金銭の贈与を受けた場合、通常必要と認められる生活費や教育費に充てた場合は、贈与税は非課税です。

　ここで、扶養義務者とは、(1)配偶者、(2)直系血族、(3)兄弟姉妹、(4)裁判所で扶養義務者として決められた三親等内

の親族、(5)三親等内親族で同一生計の人をいいます。大雑把に言えば、通常の生活費や教育費用は、配偶者・父母・祖父母・子・孫・兄弟姉妹同士は非課税だと言えます。そのため、ご長男のお子さんには贈与税はかからないと考えられます。

　また、個人から受ける結婚祝等の金品は、社交上の必要によるもので贈与をした方と贈与を受けた方との関係等を考慮して社会通念上相当と認められるものについては、贈与税の課税対象となりません。そのため、ご長女のお子さんには贈与税はかからないと考えられます。

留意点

　お孫さんが、受け取ったお金を、入学や結婚のための費用に使わずに預金をしてしまったような場合は贈与税がかかってしまいますので、留意してください。

一口情報　親が子供の生活費を援助する場合

　前述の扶養義務者相互間で生活費の贈与を受けた場合に、贈与税がかからない「生活費」とは、その者の通常の日常生活をするのに必要な費用をいい、治療費、養育費の他これらに類似するものも含まれます。

　そのため、例えば、子供が出産するためにかかる費用で、検査・検診代、分娩・入院費に充てるために贈与を受けた場合には、これらについては治療費と同様に考えられるため、贈与税はかかりません。

33 親から子供へ土地を売るような場合の注意点

Q 子供から、「商売をしたいので店舗を建てる敷地を売ってくれないか」と言われました。

私としては、親子ですので多少なりとも安く譲ってやろうと考えていますが、何か問題があるのでしょうか。

A 親とすればできるだけ子供の負担を少なくしてあげようと考えるのが親心というものでしょう。

しかし、税金の面ではその辺は厳しくなっています。

つまり、親子間で通常の時価より安く土地を売買するような場合は時価（相続税の評価額ではありません）との差額は贈与とされてしまうのです。

例えば、親子間で時価3,000万円の土地を2,000万円で売買したとすると、差額の1,000万円（3,000万円－2,000万円）は、贈与税の対象となってしまいます。

同じように、時価3,000万円の土地を2,000万円のローンの残債付きで贈与したような場合も、差額の1,000万円（3,000万円－2,000万円）は贈与税の対象になります。

（注） 親子で売買するような場合、実務上は、相続税評価額以上の売買であれば認められます（贈与税はかかりません）。相続税未満の売買だと上述したような問題（時価と売買金額の差が贈与税の対象）が発生してしまいます。

親子間の低額譲渡には贈与税が課税

親の所有

土地（時価
3,000万円）

売買代金支払い
2,000万円
⇐
⇒
土地引渡し

子供

現金
2,000万円

＊子供に1,000万
円の贈与となる。

34 妻に収入があるときは必ず妻名義の財産をつくろう

Q 　私は今度土地を購入しようと考えていますが、将来の相続を考えて私だけの名義だけでなく、妻の持分も入れようと考えています。

　私は妻と何人かの従業員とで会社を経営しており、妻にも収入があるので、妻が土地の購入代金の一部を負担することは可能です。

　この場合、問題はないでしょうか。

A 　妻の収入に見合った負担であれば問題ありません。相続税対策の面からも、妻に収入があるときは積極的に妻の資産形成を考えた方がいいと思います。

　夫婦で働き共に収入があるような場合でも、妻の収入は生活費に当てられ、預金や不動産の名義はすべて夫というようなケースもよくある話です。

　しかし、相続税の観点からすれば仮に夫に相続が起きた場合、財産はすべて夫の遺産ということになりそれだけ相続税の負担も増えてしまいます。

　そこで、妻も収入があればその収入から自分名義の預金をつくるべきでしょうし、不動産を購入する場合には、自分が負担できる分については自分の持分を入れるようにした方がいいでしょう。

　特に、妻の給与収入が多かったり、不動産収入があったり、結婚前にかなりの預金があったりする場合は夫婦別々に財産形成を考えた方がいいと思います。

妻の財産形成は相続税対策にもなる

一口情報　へそくりは妻の財産？

　夫から月々の生活費を渡されて妻が生活を切り盛りしているような場合、残った生活費は基本的に夫のものといえます。ただ残った生活費は自由にしていいと夫から言われ（贈与され）妻が自分の口座で管理し使っているようなケースもあります。

　このような場合は妻の財産と考えられますが、年間110万円を超えたら贈与税の申告が必要となりますので注意してください。

35 自分の会社の後継者に株式を贈与しよう

Q 　私は会社を経営していますが、あと数年で長男に社長の座を譲って引退しようと思っています。

　この会社の株式のほとんどを私が所有していますが、株式も相続財産になるそうなので、相続税のことを考えると心配です。

　何かいい方法はないでしょうか。

A 　後継者が決まっている場合、できるだけ早く株式をその後継者の方に贈与されることをお勧めします。

　非上場の株式は実際に評価してみないとどの位の金額になるか分かりませんが、無理のない範囲で長期間で贈与されるのがいいでしょう。

　そうすることで、相続が起きたときに生前に贈与された株式分、相続財産が減少しておりその分相続税も安く済みます。また、事業承継をスムースに行う上でも役に立ちます。

　なお、譲渡所得税がかかる可能性もありますが、後継者に株式を売却することも考えていいでしょう。

非上場株式の評価

　非上場株式の評価は細かく規定されていますが、基本的に**株主の地位**と**会社の規模**によって決まります。

　つまり、社長やその親族の場合、一般に持ち株数が多く、会社に対する支配権も大きくなり高めの評価（原則的評価方式といいます）になります。

　それに対し、その他の株主はもっぱら配当を期待するのみですので安めの評価（配当還元方式といいます）になります。

　なお、原則的評価方式で評価する場合でも会社の規模は、上場企業に近いものから個人商店に近いものまで様々です。そこで、規模に応じて類似の業種の上場会社に準じて評価するもの、会社の純資産価額で評価するもの、2つの方法を併用するものに分かれます。

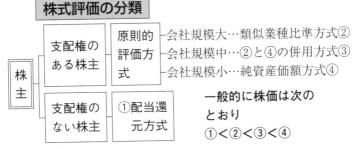

（注）　非上場株式の評価の詳細はQ85を参照してください。

◇小規模宅地等の特例を活用した節税対策◇

36 被相続人（亡くなった人）の自宅の敷地は、330㎡まで80％減額できる

Q 被相続人（亡くなった人）が住んでいた自宅の敷地については、相続税の計算上特例があると聞きましたがその内容を教えてください。

A 相続や遺贈によって取得した財産のうちに、被相続人等（注）の自宅の敷地がある場合、これらのものは生活上必要不可欠なことが多いため、330㎡まで80％の減額ができる場合があります。

これを居住用の小規模宅地等の特例といいます。

大雑把に言うと、被相続人が住んでいた自宅の敷地を被相続人の配偶者（P108の1・イ）、被相続人と同居していた親族（P108の1・ロ）、持家のない親族（P108の1・ハ）が相続した場合（又は遺言でもらった場合）、特例が適用できます。

（注） 被相続人と生計が同じ（財布が同じといったイメージ）親族も含まれます。

居住用の小規模宅地等の特例の判定フローチャート

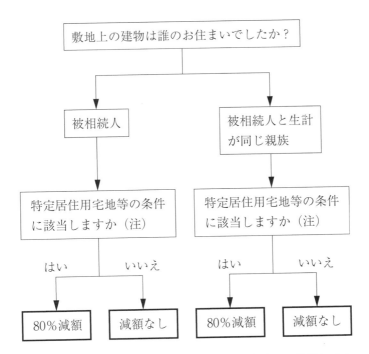

（注）　特定居住用宅地等の条件は次で説明しますので参照してください。

特定居住用宅地等の条件

　特定居住用宅地等とは、次の１又は２のどちらかに該当する宅地（借地権を含みます）のことをいいます。

1．被相続人の自宅の敷地で、その敷地の取得者が次のイ、ロ又はハのどれかに該当する被相続人の親族であること

イ　配偶者

ロ　次のすべての条件に該当する者

①　相続開始直前においてその敷地上にある家屋に被相続人と同居していたこと

②　相続税の申告期限までそこに居住していること

③　その敷地を相続税の申告期限まで保有していること

ハ　次のすべての条件に該当する者（外国に住んでいる人で日本国籍を有しない者を除きます）

①　被相続人の配偶者がいないこと又は相続開始直前において被相続人の住んでいた家屋に同居していた法定相続人がいないこと

②　相続開始前３年以内に日本国内にある自分、自分の配偶者、３親等内の親族等の所有する家屋（相続開始直前において被相続人の住んでいた家屋を除きます）に住んだことがないこと

③　その敷地を相続税の申告期限まで保有していること

２．被相続人と生計が同じ親族の自宅の敷地で、その敷地の取得者が次のイ又はロのどれかに該当する被相続人の親族であること

イ　配偶者

ロ　次のすべての条件に該当する者

①　相続開始前から相続税の申告期限までその敷地の

上にある家屋に住んでいること

② その敷地を相続税の申告期限まで保有していること

（注） 一つの宅地について共同で相続があった場合には、取得した者ごとに特定居住用宅地等の条件を満たしているか否かを判定します。

◈特例を受ける手続き

小規模宅地等の特例を受けるためには相続税の申告書に該当事項を記入し、戸籍謄本、遺言書の写し、遺産分割協議書等を添付して提出することが必要です。

注意点

小規模宅地等の特例は、遺産分割が終わっていない土地には適用されません。ただし、申告期限後３年以内に分割がされた場合は、さかのぼって適用を受け税金を還付してもらうことができます（事前に分割の見込書を提出しておきます）。

37 被相続人（亡くなった人）の店舗の敷地は、400㎡まで80％減額できる

Q 被相続人（亡くなった人）が商売していた店舗の敷地については、相続税の計算上特例があると聞きましたが、その内容を教えてください。

A 相続や遺贈によって取得した財産のうちに、被相続人等（被相続人又は被相続人と生計を同じくしていた親族）の事業用の建物（構築物を含みます）の敷地がある場合、その事業の継続を維持することができるように、ケースに応じて次表のとおり400㎡（又は200㎡）まで80％（又は50％）の減額ができます。

これを事業用の小規模宅地等の特例といいます。

宅地の種類	特例適用限度面積	減額割合
特定事業用宅地等（注1）	400㎡	80％
特定同族会社事業用宅地(注2)	400㎡	80％
その他の事業用宅地 （貸付事業用宅地等)(注3)	200㎡	50％

（注1） 被相続人が商買で使っていた建物の敷地（イメージ）

（注2） 被相続人が社長の会社が使っている建物の敷地（イメージ）

（注3） 被相続人が賃貸していたアパートや駐車場の敷地（イメージ）

事業用の小規模宅地等の分類

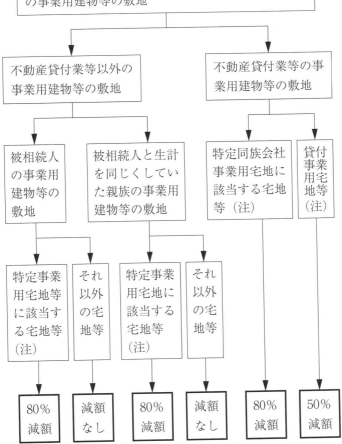

（注）　特定事業用宅地等、特定同族会社事業用宅地等及び貸付事
　　　業用宅地等の条件は次に説明しますので参照してください。

特定事業用宅地等の条件

　特定事業用宅地等とは、次の1又は2のどちらかに該当する宅地をいいます。

1. 被相続人の事業（不動産貸付業、駐車場業、自転車駐車場業及び事業と称するに至らない不動産貸付け等を除きます）用に使われていた宅地（借地権を含みます）で、その宅地の取得者が次の条件のすべてに該当する被相続人の親族であること

　① その敷地の上で営まれていた被相続人の事業を相続税の申告期限までに承継していること

　② 相続税の申告期限までその事業を営んでいること

　③ その敷地を相続税の申告期限まで保有していること

2. 被相続人と生計が同じ親族の事業（不動産貸付業、駐車場業、自転車駐車場業及び事業と称するに至らない不動産貸付け等を除きます）用に使われていた宅地（借地権を含みます）で、その宅地の取得者が次の条件のすべてに該当する被相続人の親族であること

　① 相続税の申告期限までその事業を営んでいること

　② その敷地を相続税の申告期限まで保有していること

（注）1　一つの宅地について共同で相続があった場合には、取得した者ごとに特定事業用宅地の条件を満たしているか否かを判定します。

　　　2　基本的に相続開始前3年以内に特定事業用とした宅地は、

特例適用できませんので注意してください。

特定同族会社事業用宅地等の条件

　特定同族会社事業用宅地等とは、相続開始の直前から相続税の申告期限までにおいて、次の１の条件に該当する法人の事業（不動産貸付業、駐車場業、自転車駐車場業及び事業と称するに至らない不動産貸付け等を除きます）用に使われていた宅地（借地権を含みます）で、その宅地の取得者が次の２の条件のすべてに該当する被相続人の親族であることを条件とします。

１．法人の条件

　　相続開始の直前において、被相続人又は被相続人の親族及び被相続人と特別の関係のある人（被相続人と事実上婚姻関係にある人等）が、株式等の50％超を有する法人であること

２．取得者の条件

①　相続税の申告期限において、上記１の法人の役員であること

②　その敷地を相続税の申告期限まで保有していること

(注)　一つの宅地について共同で相続があった場合には、取得した者ごとに特定同族会社事業用宅地等の条件を満たしているか否かを判定します。

その他の事業用宅地等（貸付事業用宅地等）の条件

　貸付事業用宅地等とは、次の１又は２のどちらかに該当する宅地をいいます。

１．**被相続人の事業（不動産貸付業、駐車場業、自転車駐車場業及び事業と称するに至らない不動産の貸付け等）の用に使われていた宅地（借地権を含みます。特定同族会社事業用宅地等を除きます）で、その宅地の取得者が、次の条件のすべてに該当する被相続人の親族であること**

①　その宅地の被相続人の貸付事業を相続税の申告期限まで承継していること

②　相続税の申告期限までその事業を営んでいること

③　その宅地を相続税の申告期限まで保有していること

２．**被相続人と生計が同じ親族の事業（不動産貸付業、駐車場業、自転車駐車場業及び事業と称するに至らない不動産の貸付け等）の用に使われていた宅地（借地権を含みます。特定同族会社事業用宅地等を除きます）で、その宅地の取得者が、次の条件のすべてに該当する被相続人の親族であること**

①　相続税の申告期限までその事業を営んでいること

②　その宅地を相続税の申告期限まで保有していること

（注）1　一つの宅地について共同で相続があった場合には、取得した者ごとに貸付事業用宅地等の条件を満たしているか否

114

かを判定します。

2　基本的に相続開始前3年以内に貸付事業用とした宅地は、特例適用できませんので注意してください。

一口情報　**自分の会社に無償で土地や建物を貸付けた場合の特例適用は？**

　自分が主宰する同族会社に無償で土地や建物を貸した場合は、事業用とは言えません（賃料をもらっていないため）ので、「特定同族会社事業用宅地等」には該当せず、また、その他の事業用宅地等（貸付事業用宅地等）にも該当しないので、小規模宅地等の特例は全く受けられないことになりますので注意が必要です。

| 建物（同族会社） | 建物（被相続人） |
| 土地（被相続人） | 土地（被相続人） |

※同族会社に無償で土地貸し……×　　※同族会社に無償で建物貸し……×

Q 私は、次の図のように使用している建物とその敷地を持っています。

相続が発生した場合、小規模宅地の特例を適用すると建物の敷地の減額はどのようになるのでしょうか。

なお、建物のうち5階部分と土地の5分の1を妻に、残りは長男に相続させたいと考えています。

居住用（私と妻）	5F	5階部分の建物と土地の5分の1 …妻が相続
賃貸マンション	4F	
賃貸マンション	3F	
賃貸マンション	2F	1階部分から4階部分までの建物 と土地の5分の4…長男が相続
賃貸マンション	1F	
土地 330㎡		※土地の評価額は1㎡当たり 50万円です。

土地の評価額及び小規模宅地等の特例適用は次のようになります。

○土地の評価額（1㎡当たり50万円）
　　・自宅部分……500,000円×66㎡（330㎡×1/5）
　　　　　　　　　＝33,000,000円
　　・貸付部分……500,000円×264㎡（330㎡×4/5）×（1－
　　　　　　　　　0.7×0.3）＝104,280,000円（注）
　（注）　貸家建付地として計算。借地権割合70%・借家権割合30%。
　　　　　貸家建付地の計算方法についてはP140を参照してください。

○小規模宅地の特例適用
　　・自宅部分……33,000,000円×（1－0.8）＝6,600,000円
　　・貸付部分……104,280,000円－（104,280,000円×$\frac{160}{264}$×
　　　　　　　　　50%）＝72,680,000円

　（注）　マンションの建っている土地のうち居住用に相当する部分
　　　　　については330㎡まで80%減額、貸付部分については200㎡ま
　　　　　で50%の減額になります。なお、特例適用の限度面積は、居
　　　　　住用部分の他に貸付部分がある場合は、下記の算式で貸付部
　　　　　分の計算をします。

$$66㎡×\frac{200}{330}+\boxed{}㎡ \leqq 200㎡$$
　　　　↓　　　　　　　　↓
　　　居住用　　　　貸付用
　　　※計算すると貸付用□部分は160㎡となります。

117

| 居住用部分 | ⇨ | 〔小規模宅地の特例〕
80%減額 |

特定居住用宅地の条件あり（詳しくはQ
36を参照してください）

| 賃貸マンション
部分 | ⇨ | 〔小規模宅地の特例〕
50%減額 |

一口情報　**被相続人が老人ホームに入居している場合**

　小規模宅地等の特例は、被相続人が亡くなったときに、
自宅として使用していた敷地について適用されます。ただ、
最近では老人ホームに入居し、そこで亡くなる方も増えて
います。そういった状況に対応するため、この特例では、
老人ホームの入居前の自宅敷地についても特例対象として
います。

一口情報　小規模宅地等の特例と配偶者居住権

　配偶者居住権（P23参照）自体が小規模宅地特例の対象となることはありませんが、配偶者居住権に基づく敷地利用権（下図参照）については、小規模宅地特例の対象となります。

　そして、この敷地利用権と敷地所有権について小規模宅地等の特例を適用する場合の限度面積については、下記のように価額按分により算定します

（一つの宅地等が敷地利用権と敷地所有権に区分される場合の小規模宅地等の適用面積）

○敷地利用権（配偶者居住権対応分）の適用面積＝宅地等の面積×敷地利用権の価額／宅地等の価額

○敷地所有権の適用面積＝宅地等の面積×敷地所有権の価額／宅地等の価額

　※敷地利用権の適用面積と敷地所有権の適用面積の合計が330㎡（限度面積）以下である必要があります。

　なお、「配偶者短期所有権」（P23参照）は、相続税の課税対象とはされていないため、小規模宅地等の特例適用もありません。

【配偶者居住権等のイメージ】

配偶者居住権
建物所有権

配偶者居住権に基づく敷地利用権
敷地所有権

※配偶者が死亡すると配偶者居住権及び配偶者居住権に基づく敷地利用権は消滅し、完全に建物は建物所有者、敷地は敷地所有者のものになります（贈与税等の課税はありません）。

Q　私と妻が居住している家屋とその敷地を妻が相続した場合と、次男が相続した場合とでは小規模宅地の特例の減額割合に違いがあるのでしょうか。

違いがあるとすれば、有利な相続のしかたを教えてください。

（自宅）　家屋

ケース①
妻が相続

土地
（330㎡）

ケース②
次男（別居・持ち家）が相続

A　奥さんが家屋の敷地を相続した場合は、敷地すべてについて80％の減額ができます。

また、次男の方が相続した場合は、減額はできません。

したがって、相続税の節税を考えれば奥さんが相続する①のケースを優先して考えた方がよいでしょう。

小規模宅地の特例は、配偶者が被相続人の住んでいた家屋の敷地を相続した場合は、特定居住用宅地となり敷地全体（330㎡まで）の80％が減額になります。

　それに対し、別居している次男の方が同様に相続した場合は、特定居住用宅地には該当しませんので減額になりません。

これだけ違う、相続する人と小規模宅地の減額割合

| 被相続人の住んでいた家屋の敷地 | ⇨ | 敷地を配偶者が相続 | ⇨ | 〔小規模宅地の特例〕 **80％減額** （330㎡まで） |

| 被相続人の住んでいた家屋の敷地 | ⇨ | 別居している相続人が相続 | ⇨ | 〔小規模宅地の特例〕 **減額ゼロ** |

↑
（別居している相続人が相続した場合でも持家がなく、被相続人が１人暮らしのようなケースでは80％減額の場合もありますので、詳しくはQ36を参照してください）

40 二世帯住宅は区分所有にしない方が有利？

Q 　私（長男）は父といっしょに二世帯住宅を建てることにしました。敷地は、父所有です。この住宅を建てるに当たって、私と父は2,000万円ずつ出して建築する予定です。持分については、出資額が同じなので2分の1ずつにするか、1階部分を父所有、2階部分を私所有とする（区分所有）か迷っていますが、税金の計算上、有利、不利のようなものはあるのでしょうか。

　なお、将来的には、敷地は私が相続する予定です。

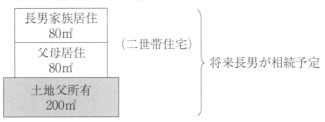

（注）　長男家族と父・母は別生計です。

A 　建物（二世帯住宅）が、長男と父の共有であれば、将来、長男が土地を相続しても小規模宅地等の特例（特定居住用宅地等に該当）が適用できます。一方、区分所有としてしまうと基本的に小規模宅地等の特例は適用できないと思われます。

122

　区分所有ではない一棟の建物に被相続人（亡くなった方）が居住していた場合には、被相続人の居住していた部分に加え、被相続人の親族（配偶者、生計別の親族も含みます）の居住していた部分も特例が適用できる扱いになっています。

　つまり、ご相談のケースでは、父母の居住する１階対応の敷地（敷地の１／２）だけでなく、長男家族の居住する２階対応の敷地（敷地の１／２）も特例適用が可能で、結果的には敷地全部に特例適用が可能となります。

　一方で、区分所有の場合はそのような扱いはありません。

　そうすると、将来的な相続を考えるのであれば、建物を共有とすることをお勧めします。

41 小規模宅地等の特例の計算はどのようにするの？

Q 次のようなそれぞれの土地について、小規模宅地等の特例を使う場合の計算はどのようになりますか。

〈a～d：普通商業地区〉

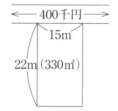

a 土地（被相続人が住んでいた建物敷地）

← 400千円 →
15m
22m（330㎡）

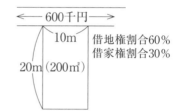

b 土地（アパート敷地）

← 600千円 →
10m
20m（200㎡）
借地権割合60％
借家権割合30％

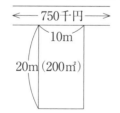

c 土地（アスファルト舗装の駐車場敷地）

← 750千円 →
10m
20m（200㎡）

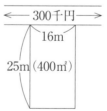

d 土地（被相続人が営業していた店舗敷地）

← 300千円 →
16m
25m（400㎡）

（注）　評価についてはQ77以下を参照してください。

A 各々の土地について減額できる金額を算定すれば次のとおりです。

　なお、土地の利用状況で小規模宅地等の特例の適用限度面積や減額割合が違ってきます。ご質問の場合は次のようになります。

	特例適用限度面積	減額割合
a 土地	330㎡	80%
b 土地	200㎡	50%
c 土地	200㎡	50%
d 土地	400㎡	80%

　仮に所有している土地が特例適用限度面積を超えている場合は、超えた部分は減額になりませんのでご注意ください。
　それでは、各々の土地の減額分の計算をしてみましょう。

a 土地（被相続人が住んでいた建物敷地……特定居住用宅地等に該当するものとします）

（1㎡当たりの評価額）（面積）（減額割合）　（減額分）
400,000円　×330㎡×　80%　＝ 105,600,000円
　　　　　（a土地の特例適用評価額）26,400,000円

b 土地（アパート敷地）

　　　　　　　　　（貸家建付地の評価）
（1㎡当たりの評価額）：600,000円×（1－0.6×0.3）
　　　　　　　　＝492,000円

　　　　　（面積）（減額割合）　（減額分）
492,000円×200㎡×　50%　＝ 49,200,000円
　　　　　（b土地の特例適用評価額）49,200,000円

c 土地（アスファルト舗装の駐車場敷地）

（1㎡当たりの評価額）（面積）（減額割合）（減額分）
750,000円　×200㎡×　50%　＝ 75,000,000円
　　　　　（C土地の特例適用評価額）75,000,000円

d 土地（被相続人が営業していた店舗敷地……特定事業用宅地等に該当するものとします)

（1㎡当たりの評価額）（面積）（減額割合）　　（減額分）
300,000円　　　×400㎡×　80%　＝ 96,000,000円
（d 土地の特例適用評価額）24,000,000円

注意点

　物納を予定している土地に、この小規模宅地等の特例を使うと物納の価額（国の収納価額）も特例適用後の価額となりますので、その点を含めて検討したほうがよいと思います。

一口情報 限度面積を超えた場合の小規模宅地等の特例

1．小規模宅地等の特例を使えば、特定居住用宅地等については、330㎡まで80％の減額ができますが、その面積を超えた部分については一般の宅地と同様に100％評価になります。

　　例えば、400㎡で評価額１億5,000万円の特定居住用宅地等に該当する宅地があるとします（375,000円/㎡）。

　　計算は次のとおりです。

①　330㎡に対応する評価額⇨１億2,375万円⇨80％減…2,475万円

②　残り70㎡に対応する評価額⇨2,625万円

　　最終的な宅地全体の評価額　①＋②＝5,100万円

2．特定事業用宅地等及び特定同族会社事業用宅地等については、400㎡まで80％の減額ができますが、400㎡を超えた部分については、１と同様に100％評価になります。

3．その他の事業用宅地等（貸付事業用宅地等）については、200㎡まで50％の減額ができますが、この場合も200㎡を超えた部分は１と同様に100％評価となります。

居住用と貸付事業用の2つの土地に小規模宅地等の特例を使うときはどうするの？

Q

次のような2つの土地について、小規模宅地の特例を使う場合の計算はどのようになりますか。

a土地（被相続人が住んでいた建物敷地）

←――400千円――→

10m

16.5m　（165㎡）

（特定居住用宅地該当）

b土地（被相続人が賃貸していたアパート敷地）

←――500千円――→

15m

10m　（150㎡）

（貸付事業用宅地該当）

（注）　評価についてはQ77以下を参照してください。

A

小規模宅地の特例では、特定居住用宅地（a土地）の適用限度面積は330㎡、貸付事業用宅地（b土地）の適用限度面積は200㎡で、減額割合は特定居住用が80％、貸付事業用が50％です。どちらの土地を優先的に適用するかは自由です（有利な方で選択）。

a土地（特定居住用宅地）を優先して選択する場合の計算

①　a土地（特定居住用宅地）の適用面積……

$$165㎡ \times \frac{200㎡}{330㎡}\text{(注)} = 100㎡$$

（注）　居住用の面積を貸付事業用の面積の水準に合わせるためのものです。

② ｂ土地（貸付事業用宅地）の適用面積……100㎡（注）

　（注）　適用限度面積が200㎡のところ、特定居住用宅地で100㎡使用しているため100㎡。

③　減額できる金額

（ａ土地）　400,000円×165㎡×80％＝52,800,000円

（ｂ土地）　500,000円×100㎡（注）×50％＝25,000,000円

（合計）　77,800,000円

ｂ土地（貸付事業用宅地）を優先して選択する場合の計算

①　ｂ土地（貸付事業用宅地）の適用面積……150㎡

②　ａ土地（特定居住用宅地）の適用面積……

$$\boxed{} \times \frac{200}{330} + 150㎡ \leq 200㎡$$

↓居住用　　　↓貸付用

　（注）　居住用の□部分の面積を計算すると82.5㎡となります。

③　減額できる金額

（ｂ土地）　500,000円×150㎡×50％＝37,500,000円

（ａ土地）　400,000円×82.5㎡×80％＝26,400,000円

（合計）　63,900,000円

上記の計算から、この場合の両者を比較してみるとａ土地を優先的に適用した方が、有利となることが分かります。

※　評価単価、特例適用限度面積及び減額割合の組合せによって最も有利な選択をすることができます。

◇生命保険を活用した節税対策◇

43 生命保険金をうまく使う３つの場面

> **Q** 　知り合いの生命保険会社の人に、「生命保険
> は相続税対策になりますよ」と言われ保険に入
> ることにしましたが、具体的にどのような効果がある
> のかよくわかりません。
> 　その概要を教えてください。

A 　相続のなかで、生命保険金が効果を発揮するのは
節税対策、納税資金対策、遺産分割資金対策の３つ
の場面です。

節税対策

　生命保険金には非課税枠（500万円×法定相続人数）が
あり、その分は相続税の対象となりません。

納税資金対策

　生命保険金を相続税の納税資金に充当できます。また、
事前に必要と思われる納税額に見合った保険金を設定し準
備することも可能です。

遺産分割資金対策

　例えば、遺産が自宅しかなく１人の相続人がそれを相続し、その代わり他の相続人にお金を払う遺産分割のしかた（代償分割）があります。

　この場合、遺産を相続する相続人は、支払うお金を準備するために事前に被相続人を被保険者とする生命保険に加入することで、受け取った保険金を他の相続人への支払いに充当することができます。

生命保険の３つの活用法

生命保険
- 節税対策　　　　　非課税枠がある
- 納税資金対策　　　保険金を納税に充当
- 遺産分割資金対策　代償分割の資金に充当

44 保険金の非課税枠を利用しよう

Q 相続財産を残すのに現金で残すのと保険金で残すのとでは、相続税には差が出てくるのでしょうか。

A 相続が起きたことによって生命保険金を受け取った場合には、次の金額を保険金から非課税枠として差し引くことができます。

> 非課税金額＝500万円×法定相続人の数

　つまり、実際には保険金として現金があるのに非課税部分には相続税がかからないというわけです。

　例えば、法定相続人が4人いるとします。そうすると、500万円×4＝2,000万円分の保険金には相続税がかからないということです。

　次に、相続税にどれくらい差が出るのかを事例で紹介しましょう。

〔事例〕

　次の2人の被相続人の財産構成で税額にどれくらい差が出るかみてみましょう。

甲：相続財産……不動産3億6,000万円、現金4,000万円

　　相続人………妻、子供3人

乙：相続財産……不動産3億6,000万円、現金2,000万円

生命保険金2,000万円

相続人………妻、子供3人

相続税の差異に注目

	不動産	現金	生命保険金	保険金非課税枠	課税価格	相続税
甲	3億6,000万円	4,000万円	0	0	4億円	4,155万円
乙	3億6,000万円	2,000万円	2,000万円	2,000万円	3億8,000万円	3,805万円
乙－甲					△ 2,000万円	△ **350万円**

納税資金の余裕に注目

	現金	生命保険金	合計	相続税	資金余裕
甲	4,000万円	0	4,000万円	4,155万円	△155万円
乙	2,000万円	2,000万円	4,000万円	3,805万円	195万円
乙－甲					**350万円**

現金か保険金かでこんなに差が出る（しかも甲の場合は納税資金不足）

（注）　配偶者は、法定相続分を相続した計算となっているため、配偶者の税額軽減により相続税は発生していません。

45 相続税の負担なしで生命保険金を受け取るにはどうしたらいい？

Q 　生命保険金には非課税枠がありますが、それを超えると相続税がかかってしまいます。

　相続税がかからないで保険金を受け取るようなことはできないでしょうか。

A 　例えば、相続人となる子供が保険契約者及び受取人となって親を被保険者とする保険契約をしてはどうでしょうか。

　この場合、子供の受け取った保険金は一時所得として給与所得や事業所得等と合算して所得税が課税され、相続税の対象にはなりません。

　一般的には、一時所得は次のような計算になりますので相続税の負担より軽減されるケースも多いようです。

> 一時所得＝（保険金額－50万円）×1／2

保険の契約のしかたは相続税と所得税を比較して

| 保険金を受け取った場合の相続税 | > | 保険金を受け取った場合の所得税 |

⇩

**子供が保険契約者及び受取人で
親を被保険者とする保険契約**

| 保険金を受け取った場合の相続税 | < | 保険金を受け取った場合の所得税 |

⇩

**親が保険契約者及び被保険者で
子供を受取人とする保険契約**

46 子供が親に保険を掛ける、保険料はどうするの？

Q 　子供が契約者となって親に保険を掛けるような場合、子供に保険料を支払うだけの資金がないとしたらどうすればいいのでしょうか。

A 　父親が子供に毎年現金を贈与し、子供はその中から贈与税を支払い、残りの現金で毎年の保険料を支払うようにするといいでしょう。

（親）

↓ 現金贈与(年110万円を超える場合には贈与税の申告をする)

（子）

↓ 保険の契約（契約者・子供、被保険者・父、受取人・子供）
↓ 保険料の支払い

（保険会社）

↓ ………相続発生
↓ 死亡保険金の支払い

（子）………一時所得（所得税、住民税の課税がある）

　Q45でご紹介したように子供が契約者、受取人となり親を被保険者とするような方法があります。

しかし、子供に保険料を支払うだけの資金がない場合どうするかといった問題があります。

そこで、この保険料相当分の現金を親から子供に毎年贈与してみてはどうでしょうか。

そうすれば、子供が保険金を受け取ることができるだけでなく、生前贈与により相続財産が減少し、節税の効果も生じます。

また、これらの保険金を納税資金に充当することとなれば納税資金対策にもなります。

ただし、このような贈与については次のようないくつかの注意点があります。

注意点

① 毎年、現金の贈与契約書を作成する。

② 過去の贈与税申告書の控を保存しておく。

③ 父親が所得税の確定申告で、この保険による生命保険料控除を受けない（子供の確定申告書で受ける）。

④ 贈与の事実が確認できるようにしておく（現金は父親が子供の銀行口座に振り込み、保険料はその子供の口座から自動引き落とし等にし客観的にわかるようにする）。
※親の口座から保険料を直接引き落とすことがないように注意。

◇退職金を活用した節税対策◇

47 退職金の非課税枠を利用しよう

被相続人（亡くなった人）の退職金が、先日支給されました。

退職金についても相続税がかかるそうですが、保険金と同じように非課税枠のようなものがあるのでしょうか。

死亡退職金についても生命保険金と同様に次の非課税枠があります。

非課税金額＝500万円×法定相続人の数

〔例〕　相続人が妻、子供3人の場合の退職金の非課税金額

500万円×4人＝2,000万円

死亡退職金は死亡を原因として勤務先から相続人に支払われるものですから、本来の相続財産ではありませんが、税法上、相続財産と同じように扱われています。

つまり、もともとは被相続人に支払われるものが、代わりに相続人に支払われたにすぎないと考えているわけです。

しかし、遺族にとってみれば、家族を支える働き手がいなくなるわけでその後の生活に支障をきたさないとも限りません。退職金は大切な生活資金になるわけです。

そこで、こうしたことを考慮して非課税枠が設けられています。

◈会社役員の死亡退職金の注意点

相続財産として税金の対象になる退職金は、死亡後３年以内（注）に支給の確定したものに限られます。

会社役員の場合は、退職金の支給について株主総会などの決議を必要とするため、なかなか決まらないことがあります。

３年を過ぎてから支給が決まった場合は、相続人の一時所得として課税されます。

退職金の額が非課税枠の範囲内であったり、相続税率が相続人の一時所得の税率より低いような場合には３年以内に退職金を支給してもらうようにしましょう。

（注）　退職金の支給が３年以内に決まればよく、支払いはその後でも大丈夫です。

48 弔慰金の非課税枠を使い切ろう

Q 私は、同族会社の取締役をしていますが、私に相続が起きたとき、遺族に死亡退職金が支給されることになっています。

この場合、退職金だけもらうのと、退職金と弔慰金とを分けてもらうのとでは相続税が違うと聞きました。どのように違うのか教えてください。

A 本来の退職金とは別途に特別に支給される弔慰金は、見舞金という性格から次に掲げる金額までを非課税としています。この非課税枠を有効に使って相続税を節税することができます。

なお、次の金額を超える部分の金額は退職金として相続税が課税されます。

◆弔慰金の非課税枠

1．被相続人の死亡が業務上の死亡であるときは、その雇用主等から受ける弔慰金等の内、被相続人の死亡当時の賞与以外の普通給与の3年分の額

2．1以外の場合には、その雇用主等から受ける弔慰金等のうち、被相続人の死亡当時における賞与以外の普通給与の6か月分の額

具体的に事例で退職金だけもらう場合と退職金と弔慰金

を分けてもらう場合とを比較してみてみましょう。

〔事例〕

被相続人の役員報酬………150万円（賞与を除く月額）

死亡原因……非業務上

① 死亡退職金6,000万円、弔慰金ゼロの場合

⇩

6,000万円全額課税対象

② 死亡退職金5,000万円、弔慰金1,000万円の場合

⇩

5,000万円＋100万円＝**5,100万円が課税対象**

$\left(\begin{array}{l}150万円 \times 6\text{か月} ＝900万円 \rightarrow 弔慰金で非課税 \\ 1,000万円 － 900万円 ＝100万円 \rightarrow 退職金として課税\end{array}\right)$

⇩

相続税のかかる退職金が900万円減少

退職金だけもらう場合と退職金と弔慰金を分けてもらう場合とでは、相続財産として税金がかかる対象が900万円も違ってきます。

特に、給与の多い方や、業務上の死亡の場合には相当の差が出てきますのでもらい方に注意が必要です。

（注） 説明を分かりやすくするために退職金の非課税枠については考慮していません。

49 退職金の支払いで同族会社の株式評価が下がる？

Q 社長の死亡退職により退職金を支払えば、会社の株式評価が下がって相続税の節税になると聞いたのですがどういうことでしょうか。私は現在ある会社（同族会社です）の社長をしており、会社のほとんどの株式を持っています。

A 退職金を支払えば、会社の株式の評価が下がるというのは、簡単に説明すると退職金を会社が支払うことで会社の資産はその分減少し（現金等の流出があります）結果として会社の資産価値を示す株価も下がるということです。

なお、株価の評価は複雑に分かれており会社の資産（純資産）価額を基に評価する会社は、主に小会社（次ページ参照）とされているものです。

（注）純資産価額を基にした株式の計算はQ85を参照してください。なお、正確に計算される場合には内容が複雑ですので税理士等の専門家に相談されることをお勧めします。

◈退職金の支払いと株価低下のイメージ

⇩　　　　（□は退職金の支払い）

退職金の支払いで資産及び
純資産が□分減少

⇩

純資産の減少で株価も低下

同族会社のうち小会社に該当するもの

◈卸売業の場合

　総資産価額が7,000万円未満又は従業員数が5人
以下かつ年間の取引金額が2億円未満

◈小売・サービス業の場合

　総資産価額が4,000万円未満又は従業員数が5人
以下かつ年間の取引金額が6,000万円未満

◈卸売業、小売・サービス業以外の場合

　総資産価額が5,000万円未満又は従業員数が5人
以下かつ年間の取引金額が8,000万円未満

⇩

小会社に該当した場合、原則的に純資産価額を基に評価

⇩

退職金の支払いは株価の低下に有効

◇養子縁組を活用した節税対策◇

50 養子を迎えると節税になる？

Q 　私は一人暮らしをしています。近くに住んでいる孫が何かと私の普段の生活の面倒をみてくれていますので、近々養子縁組をするつもりです。

　養子を迎えると養子に財産を残せるという他に、相続税対策にもなるとのことですが、どういうことなのでしょうか。

A 　養子を迎えた場合の相続税の節税効果は次のものがあります。

◈**基礎控除額の増加**

　つまり、基礎控除額は遺産の額から差し引かれるわけですから、その分課税される遺産の額が減るわけです。

　次の算式のとおり養子を1人迎えると600万円、基礎控除額が増えます。

基礎控除額＝3,000万円＋600万円×法定相続人の数

⇩

養子の分だけ法定相続人が増え、基礎控除額が増加する

◈非課税となる生命保険金の増加

次の算式のとおり養子を1人迎えると500万円非課税枠が増えます。

> 非課税となる生命保険金＝500万円×法定相続人の数
>
> 養子の分だけ法定相続人が増え、非課税となる生命保険金が増加する

◈非課税となる死亡退職金の増加

次の算式のとおり養子を1人迎えると500万円非課税枠が増えます。

> 非課税となる死亡退職金＝500万円×法定相続人の数
>
> 養子の分だけ法定相続人が増え、非課税となる死亡退職金が増加する

◈相続税の総額の減少

相続税の総額は、法定相続人一人一人の相続税の額を算出し、これを合計したものです。

相続税はかなりの累進制度（財産が2倍になると税額は2倍以上になる）をとっていますので、1人当たりの相続財産が減るとその減った割合以上に税額も減るため、結果的に相続税の総額も減少します。

それでは、具体的に相続税がどれくらい節税になるのか事例でみてみましょう。

〔事例〕

相続財産： 不動産、現預金 2億1,000万円
　　　　　生命保険金 3,000万円
　　　　　死亡退職金 2,000万円
　　　　　　計 2億6,000万円

相続人：子1人

⬇️………孫を1人養子に迎える

	養子縁組前	養子縁組後
基礎控除額	3,600万円 →	4,200万円
生命保険金の非課税額	500万円 →	1,000万円
死亡退職金の非課税額	500万円 →	1,000万円
相続税の総額	6,930万円 →	4,540万円(注)

⬇

結果として**相続税の総額が2,390万円安くなります。**

（注） 被相続人の直系卑属（孫等）を養子縁組した場合、その直系卑属については、相続税が2割加算されます。ただし、被相続人の子が被相続人より先に死亡し、孫が代襲相続人となるような場合は、相続税の2割加算はありません。

146

養子縁組には歯止めがある

養子縁組は、市（区）役所等に「養子縁組届」を提出すれば容易にできるため、その行き過ぎを防止するための次のような養子の数の制限があります。

①　実子がいる場合は養子のうち１人まで

②　実子がいない場合は養子のうち２人まで

を法定相続人と認め、税額を計算することとなっています。

ただし、税金対策のみの目的のもの（注）は、認められません。

なお、民法上の特別養子もしくは配偶者の実子で被相続人の養子になった者、または実子等の代襲相続人については実子とみなされます。

（注）　亡くなる直前に養子縁組し、しかも養子が何も相続しないようなケース。

養子の立場について

①　養子について相続税法上はご覧のとおりの制限が設けられています。しかし、民法上はそういった制限がありませんので、養子縁組そのものができないというわけではありません。税金の計算上、養子が何人いても計算に入る数が決まっているということです。

②　養子（特別養子を除く）に入っても、実父母との相続関係は続きます。つまり、実父母に相続が発生した場合も、もちろん相続人となることになります。

51 養子縁組する場合の注意点

Q 養子縁組は節税になるとはいっても、誰でもいいとはいえないと思います。
養子を選ぶときの注意点のようなものはありますか。

A 養子縁組はQ50でも紹介したとおり、かなりの節税効果があります。しかし、養子縁組後のことを考えると誰でもいいというわけにはいかないのが実情です。

後々の遺産分割協議などを考えれば、できるだけトラブルを避けるため、良識ある適任者を選ぶべきでしょう。

一般的には息子の嫁、娘婿、孫等が考えられます。

例えば、息子の嫁に面倒をみてもらっているような場合、その嫁には相続権がありません。特に、息子が先に死亡しているような時は、あなたの財産は他の息子や娘だけに分配されてしまい嫁にはかわいそうな結果になります。

また、娘婿に自分の事業を継がせるような場合も縁組し易いケースでしょう。

いずれにしても、養子縁組は人の感情が絡みやすい問題ですので慎重に対処することをお勧めします。

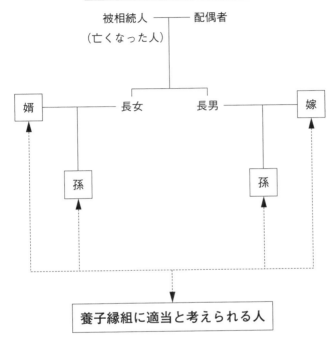

養子縁組に適当な人は？

被相続人 ──── 配偶者
（亡くなった人）

婿 ──── 長女　　　長男 ──── 嫁

孫　　　　　　　　　孫

養子縁組に適当と考えられる人

(注)1　養子縁組をしているような場合には、後々のトラブルを
　　　避けるため遺言書を作成しておくことをお勧めします。
　　2　相続開始直前の養子縁組については、税務調査で否認さ
　　　れるケースもありますので注意が必要です。

◇土地評価等を活用した節税対策◇

52 単価の高い土地は貸家の敷地にしよう

私は、駅の近くに土地を持っていますが、現在は更地の状態です。

ここを駐車場にするか、貸しビルを建てるかで迷っているところですが、相続税の負担を考えた場合、どちらが有利になるのでしょうか。

A 相続税を考えた場合、土地の評価が下がる貸しビルを建てた方がよいでしょう。

相続税の申告の時に駐車場は更地評価となり、何の減額もできませんが、貸しビルや貸しアパートの敷地（貸家建付地といいます）は、建物を借りている借家人の権利を考えて減額することができます。

つまり、土地も建物も持ち主の財産ですが、相続が起きたからといって借家人をすぐに立ち退きさせることもできないでしょうし、立ち退かせるには立退料の支払いも必要になってきます。

そのため、更地より低い価格で評価することになっています。

貸しビルや貸しアパートの敷地の評価は次のようになり

ます。

◆貸しビルや貸しアパートの敷地（貸家建付地）の評価

$$\begin{array}{l}\text{貸家建付地}\\\text{の評価額}\end{array}=\begin{array}{l}\text{その宅地の}\\\text{更地価額}\end{array}-\left(\begin{array}{l}\text{その宅地の}\\\text{更地価額}\end{array}\times\begin{array}{l}\text{借地権}\\\text{割合}\end{array}\times\begin{array}{l}\text{借家権}\\\text{割合}\end{array}\right)$$

＊借地権割合は税務署に備えてある路線価図又は評価倍率表に載っています。借家権は30％です。

　それでは、具体的に評価額がどのくらい違うのか事例でみてみましょう。

〔事例〕

　　土地の単価：100万円／㎡　　借地権割合：70％

　　土地の面積：300㎡　　　　　借家権割合：30％

① 　駐車場にする場合の評価額

　　100万円×300㎡＝3億円

② 　貸しビルを建てる場合の評価額

　　100万円×300㎡－（100万円×300㎡×70％×30％）

　　＝2億3,700万円

③ 　①－②＝6,300万円

　ご覧のとおり②の方が6,300万円もの評価額を減額することができます。

（注）1　貸しビル等を建築する際に資金借入れをされる場合にはその返済計画も考慮に入れて判断されることをお勧めします。

　　　2　貸しビルの敷地を物納する予定の場合には、更地に比較して物納しにくくなりますのでご注意ください。

53 同じ土地でも分割のしかたでこんなに評価が違う

Q 　私は次のような土地を持っていますがこれを①のように長男が1人（または長男と次男が共有）で相続するのと、②のように長男と次男が区分して相続するのとでは評価の上で違いが出るのでしょうか。

①

←── 500千円 ──→

長男が相続

（400㎡）

20m

20m

②

←── 500千円 ──→

3m

長男が相続
（170㎡）

10m

次男が相続
（230㎡）

10m

20m

A 　同じ土地でも分割のしかたで評価額が変わってきます。

　長男が1人（または長男と次男が共有）で相続するのと、長男と次男が区分して相続するのとの違いを実際に計算してみましょう。

① 長男が1人（または長男と次男が共有）で相続する場合

土地単価　面積　評価額　これだけ違う
差額2,185万円

50万円　×400㎡＝ 2億円

② 長男と次男が相続する場合

土地単価　面積　評価額

長男：50万円　×170㎡＝8,500万円

土地単価　間口狭小補正率　奥行長大補正率

次男：50万円　×　　0.9　　×　　0.9

面積　評価額

×230㎡＝9,315万円

＊次男の相続する土地は間口が狭く、また、間口に比較
して奥行きが長いことから間口狭小と奥行長大の補
正があります。土地の評価のしかたについてはQ83を
参照してください。

長男の評価額＋次男の評価額＝8,500万円＋9,315万円

＝ 評価額
1億7,815万円

　①と②の評価額の差は**2,185万円**にもなります。同じ土
地でも分割のしかたでこれだけ差が出てくることになりま
すので、ある程度の面積があり分割が可能であれば一考の
価値があります。

54 社長が自分の会社に土地を貸した場合の土地評価

Q 私は自分の会社が事務所を建てるに当たり、持っている土地を敷地として貸そうかと考えています。

権利金はもらいませんが、地代は相場をもらおうと考えています。

この場合、土地の評価はどのようになるのでしょうか。

A 会社が事務所を建てるために土地を借りた場合は、本来的には会社に借地権が発生します。

そして、会社は土地所有者（あなた）に権利金を支払う必要があります。そうなれば土地の評価は貸地となります。

また、ご質問のように権利金を支払うことをやめて「土地の無償返還に関する届出書」（無償返還届出書……土地を返すときは無償で行うことを約する書類）を税務署に提出すれば、土地の評価は80％評価になります。

ただし、この場合でも土地の貸借が賃貸借ではなく使用貸借（地代を払わない、または支払っても固定資産税相当額程度）の場合は100％評価になります。

土地の評価は貸借のしかたで変わる

貸地評価⟷80％評価⟷100％評価

それでは、具体的に評価額がどれくらい違うのか事例で
みてみましょう。

〔事例〕

事務所の敷地の評価額： 1億5,000万円

借地権割合：70%

	権利金を支払う （賃貸借）	無償返還届出書提 出（賃貸借）	無償返還届出書提 出（使用貸借）
土地評価	1億5,000万円×(1-70%) =4,500万円 **貸地評価** ⇩ 会社に借地権あり とみる	1億5,000万円×(1-20%) =1億2,000万円 **80%評価** ⇩ 会社の借地権を20 ％とみる	1億5,000万円 **100%評価** ⇩ 会社の借地権をゼ ロとみる

（注） 会社が借地権の対価として権利金を土地所有者に支払った場
合は、土地所有者の譲渡所得等となり所得税がかかります。

┌─ **無償返還届出書のメリット** ─┐

① 会社の権利金の負担 ② 賃貸借であれば土地
や土地所有者の譲渡所　　評価は80％（20％減額）
得税等の負担が避けら　　となる。
れる。

55 広い土地を相続した場合の評価減ってなに？

Q 私は現在、住宅地に駐車場用地を所有しています。面積は1,000㎡を超えています。このような土地は、一般の個人にはなかなか売れず、一括して売買するのも大変です。聞くところによれば、このような広大な土地の場合には、相続税の申告をする際、評価の減額ができるそうですが、どのようなことなのでしょうか。

A ご質問のような広大な土地（地積規模の大きな土地）については、通常、開発業者が買い上げ、造成等を行って戸建て分譲を行います。

ここで、一定面積以上の土地については、都市計画法に規定する開発行為を行う場合、道路、公園、緑地等の公共公益的施設をその土地内に造らなければならない場合があります。これらの施設部分は、通常、売買の対象にはならないため、その分、土地の取引価格は低くなります。そのため、土地の評価上もその点を考えて減額の規定が置かれています。

広大な土地（地積規模の大きな土地）についての減額計算

地積規模の大きな土地については規模格差補正率を掛けて減額することができます。

　地積規模の大きな土地とは、三大都市圏では、500㎡以上の地積の土地、三大都市圏以外の地域においては1,000㎡以上の地積の土地をいいます。

　地積規模の大きな土地は、路線価地域に所在するものについては、普通商業・併用住宅地区及び普通住宅地区に所在するものとなります。また、倍率地域に所在するものについては、地積規模の大きな土地に該当する土地であれば対象となります。

　規模格差補正率は、次の算式により計算します（小数点以下第2位未満は切り捨てます）。

$$規模格差補正率 = \frac{Ⓐ \times Ⓑ + Ⓒ}{地積規模の大きな宅地の地積（Ⓐ）} \times 0.8$$

　上記算式中の「Ⓑ」及び「Ⓒ」は、地積規模の大きな宅地の所在する地域に応じて、それぞれ次に掲げる表のとおりです。

(1) 三大都市圏に所在する宅地

地積	普通商業・併用住宅地区、普通住宅地区	
	Ⓑ	Ⓒ
500㎡以上　1,000㎡未満	0.95	25
1,000㎡以上　3,000㎡未満	0.90	75
3,000㎡以上　5,000㎡未満	0.85	225
5,000㎡以上	0.80	475

⑵　三大都市圏以外の地域に所在する宅地

地積	普通商業・併用住宅地区、普通住宅地区	
	Ⓑ	Ⓒ
1,000㎡以上　3,000㎡未満	0.90	100
3,000㎡以上　5,000㎡未満	0.85	250
5,000㎡以上	0.80	500

（注）　三大都市圏とは概略的には首都圏（東京都、埼玉県、千葉県、神奈川県、茨城県）、近畿圏（京都府、大阪府、兵庫県、奈良県、）中部圏（愛知県、三重県）をいいます。なお、上記の都府県の一部の市町村は含まれておりません。

通常評価と地積規模大の土地の評価との比較

〔例〕※三大都市圏内

土　　　　　地……評価額2億円（路線価20万円×1,000㎡）

規模格差補正率……78％（22％減額）（注）

（注）　$\dfrac{1,000㎡ \times 0.9 + 75}{1,000㎡} \times 0.8$

○　規模格差補正率に基づく評価減額

　　　　⟶ 2億円×22％ = ┃4,400万円┃

　　　　＊仮に相続税率30％の場合1,320万円の差異

158

一口情報 マンションの敷地でも評価が下がる？

　相続する土地（1,000㎡）が被相続人（亡くなった方）と他の親族と共有（例えば被相続人の持分2/3、被相続人の弟の持分1/3）といったことがあります。

　ここで広大な土地（地積規模の大きな土地）に該当するかどうかは、その土地そのものの面積で判断します（持分は掛けません。上記の場合は1,000㎡のまま）。

　そのため、相続するものがマンションのようなケースではマンションの土地部分（敷地権）は、マンションの敷地全体の1/10,000（持分）といったようなこともありますが、この1/10,000（持分）は掛けずにもともとの敷地の面積で判断するということです。

　そうすると、他の条件もありますが、かなりの確率でマンションの敷地も地積規模の大きな土地として減額することが可能です。

56 貸家の評価は70%に減額できる

 　　私は、昨年賃貸マンションを建築しました。
　　1階から7階までを賃貸し8階は私と家族が住んでいます。
　このような建物は、相続税の評価の上でどのようになるのでしょうか。

A 　　家屋の相続税の評価額及び貸家の評価額は次の算式のとおりです。

家屋の評価額＝固定資産税評価額×1.0
貸家の評価額＝固定資産税評価額×（1－借家権割合）
　　＊借家権割合は30%

　ご質問のケースはマンションの一部にお住まいということですので、すべて貸家というわけではありません。
　この場合、建物全体のうち貸付部分とご自分でお使いの部分とを床面積で按分して計算を進めることになります。
　それでは、建物の一部が貸家になっている場合の評価について事例でみてみましょう。

〔事例〕

8階：本人の居住用

1階〜7階：賃貸

建物の固定資産税評価額：1億円
各階の床面積：同じ
借家権割合：30%

〔評価額〕

● 8階部分　1億円×1/8＝1,250万円
● 1階〜7階部分
　　1億円×7/8×（1−30%）＝6,125万円
　　合計…1,250万円＋6,125万円＝**7,375万円**

建物全体の評価額

貸家の節税効果

　上記の計算でも分かるように、建物をすべて自分で使用する場合の評価額1億円に比較し貸家部分があることで2,625万円（1億円−7,375万円）もの評価額の差が出てきます。

（注）1　固定資産税の評価額は市町村役場（都内は都税事務所）で

固定資産税の評価証明書を取って確認することができます。

2　家屋を建築中で相続が起きた場合は、固定資産税の評価額がまだ決まっていないので工事の進行度合いに応じた費用原価の70％で評価します。費用原価については、建築会社に確認しましょう。当然ですが貸家にはなりません。

《参考・貸家の一部に空室がある場合》

相続開始時に貸家の一部に空室がある場合でもそれが一時的なものであれば、貸家全体について貸家の評価ができます（敷地は貸家建付地の評価ができます）。

なお、一棟建ての貸家の場合で空家のときは貸家にはなりません（敷地も貸家建付地にならず自用地評価です）。

コラム

土地評価の減額規定とは？

　土地評価の減額規定の中には、前述の広大な土地（地積規模の大きな土地）による減額の他にも次のようなものがあります。評価する土地についてよく調べれば調べるほど、土地の実状に合った評価が可能になります。

(1)　不整形地のための減額（土地の形が悪いことによる減額）

(2)　都市計画道路予定地等のための減額（都市計画の規定で建築制限があるための減額）

(3)　セットバックが必要なための減額（土地の前面道路の道幅が狭いことによる減額）

(4)　高圧線下のための減額（土地の上空に高圧線が走っていることによる減額）

(5)　無道路地による減額（土地が道路に面してなかったり、道路に面している幅が狭かったりすることによる減額）

(6)　騒音や振動等があるための減額（土地の周囲の状況により騒音や振動があるためによる減額）

(7)　がけ地を含む土地の場合の減額

　土地の現況は様々です。上記以外でも減額となる規定もあります。詳しくは専門家にご相談されるとよいでしょう。

◇相続税の非課税財産◇

57 相続税のかからない財産はあるの？

Q 相続税は何にでもかかるのでしょうか。先日、仏壇を大きいものに買い替えましたが、こういうものやお墓のようなものにもかかるのでしょうか。

A 相続財産は、原則的には亡くなった人のすべての財産にかかってきますが、常識の上から税金をかけるのになじまないものもあります。

　こうしたことから、ご質問の仏壇についても非課税となっています。同様に墓地や墓石、位牌や仏具についても非課税となっています。

墓地等の購入は生前に

　相続が起きた時点では現金として財産があり、相続人がその現金で墓地を購入しても非課税にはなりません。相続財産は、あくまで現金になってしまいます。

　ですから、特にまとまったお金のかかる墓地などは生前に購入されておいたほうが節税になります。

注意点

(1) 一見、非課税財産と思えるものでも課税になるものが

あります。例えば、墓地も商品として持っていれば課税されますし、骨董品や投資目的で購入したもの（金の仏像等）も同様です。

(2)　お墓のような非課税財産を生前に購入しても、代金が未払いになっているような場合、その未払金は債務にならない扱いとなっていますので注意が必要です。生前に支払いを済ませましょう。

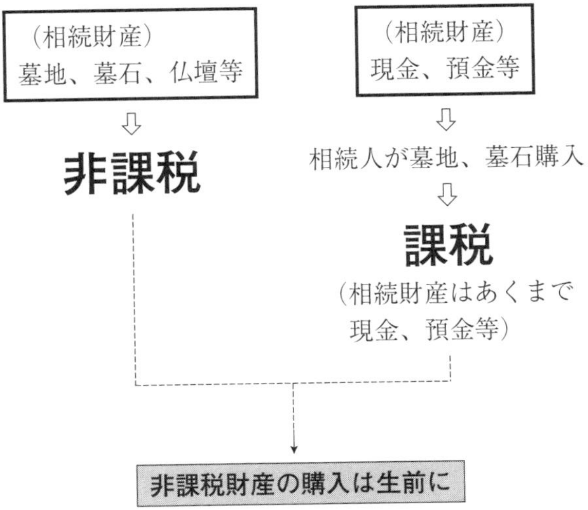

◈その他の非課税財産

Q43、47でも紹介していますように、生命保険金と死亡退職金についても次の算式の額までが非課税枠になります。

※500万円×法定相続人の数

58 相続財産を公益法人に寄附すると相続税が非課税？

Q 相続をした財産を公益法人に寄附した場合は、相続税がかからないと聞いたのですが、どのようなことなのでしょうか。何か、条件のようなものはあるのでしょうか。

A 相続や遺贈（遺言によって取得）を受けた財産を、相続税の申告期限までに、国、地方公共団体、公益を目的とする事業を行う特定の法人又は認定非営利活動法人（認定NPO法人）に寄附した場合などは、その寄附をした財産は相続税がかからない特例があります。

なお、手続き等が煩雑な面もありますので、専門家にご相談することをおすすめします。

非課税となる条件

非課税となる特例の適用を受けるには、次の条件のすべてに当てはまることが必要です。

◆**国、地方公共団体又は公益を目的とする事業を行う特定の法人に寄附した場合**

(1) 寄附した財産は、相続や遺贈によって取得した財産であること。

　　相続財産の他、生命保険金（死亡保険金）や退職手

当金（死亡退職手当金）も含まれます。

(2)　その取得した財産を相続税の申告書の提出期限までに寄附すること。

(3)　寄附した先が国、地方公共団体、教育や科学の振興などに貢献することが著しいと認められる公益を目的とする事業を行う特定の法人（特定の公益法人）であること。

　　(注)　特定の公益法人の範囲は独立行政法人や社会福祉法人などに限定されており、寄附の時点で既に設立されているものでなければなりません。

【相続税申告をする場合の添付書類】

①　国、地方公共団体又は特定の公益法人の特例の適用を受けようとする財産の贈与を受けた旨、その贈与を受けた年月日及び財産の明細並びにその法人のその財産の使用目的を記載した書類

②　特定の公益法人である場合には、その特定の公益法人に該当する旨の地方独立行政法人法第6条第3項に規定する設立団体又は私立学校法第4条に規定する所轄庁の証明書類

◈認定特定非営利活動法人（認定NPO法人）に寄附した場合

(1)　寄附した財産は、相続や遺贈によって取得した財産であること。

　　相続財産の他、生命保険金（死亡保険金）や退職手

当金（死亡退職手当金）も含まれます。

(2)　取得した財産を相続税の申告書の提出期限までに寄
附すること。

(3)　その認定NPO法人が行う特定非営利活動促進法第
２条第１項に規定する特定非営利活動に係る事業に関
連する寄附をすること。

　　(注)　認定NPO法人とは、特定非営利活動促進法第２条第２項
に規定する特定非営利活動法人のうち、一定の基準を満た
すものとして所轄庁（都道府県知事又は指定都市の長）の
認定を受けたものをいいます。

【相続税申告をする場合の添付書類】

　認定特定非営利活動法人（認定NPO法人）の特例の適
用を受けようとする財産の贈与を受けた旨、その贈与を受
けた年月日及び財産の明細並びにその認定特例非営利活動
法人（認定NPO法人）のその財産の使用目的を記載した
書類

一口情報　相続人が障害者の場合の非課税信託とは？

　相続人に障害者がいる場合、将来的な不安があると思いますが、このようなケースでは、非課税で障害者である相続人に財産を残せる制度（特定贈与信託といいます）があります。

　特定贈与信託は、特定障害者（重度の心身障がい者、中軽度の知的障がい者および障害等級2級または3級の精神障がい者等）のご親族等が金銭等の財産を信託銀行等に信託する（信託銀行等に預ける）ものです。

　特定障害者の方がお亡くなりになるまで信託銀行等が財産を管理・運用し、特定障害者の方の生活費や医療費として定期的に金銭を交付しますので、ご親族等が亡くなった後も特定障害者の方の将来の生活が安定します。

　この特定贈与信託を利用すると、特別障害者の方については6,000万円、特別障害者以外の方については3,000万円を限度として贈与税が非課税となります（贈与が非課税で完了していますので、贈与をされたご親族が亡くなっても相続税の対象にはなりません）。

◇譲渡所得の税金を少なくする方法◇

59 親の住んでいた自宅を売ると3,000万円の控除？

Q 私は今年、父が住んでいた自宅を相続しました。現在、そこは空き家になっていますが、自分も持ち家があるため、近いうちに売却しようと思っています。聞くところによると、相続した親の自宅を売却した場合には、所得税の特例があると聞いたのですが、どのような内容でしょうか？

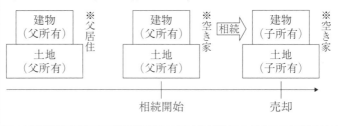

| 建物
（父所有） | ※父居住 | 建物
（父所有） | ※空き家 | 相続 | 建物
（子所有） | ※空き家 |
| 土地
（父所有） | | 土地
（父所有） | | → | 土地
（子所有） | |

相続開始　　　　　　　売却

A 親が住んでいた家やその敷地を売却した場合、利益のうち3,000万円まで税金がかからない特例があります（空き家の特例といいます）。

空き家の特例とは

相続（遺言によって取得したものも含みます）で取得した被相続人（亡くなった方）の自宅（建物・敷地）を譲渡して、一定の条件に当てはまるときは、売却益から最高

3,000万円まで控除することができます。そのため、その分、所得税が低くなります。

　この空き家の特例が適用できるのは、次の2つのパターンです。

○　空き家を新耐震基準に適合するようリフォームして敷地といっしょに譲渡するケース

○　空き家を取り壊して、敷地のみ譲渡するケース

特例が適用できる家屋の条件

　被相続人が居住していた家屋（注）で、次の3つの条件の全てに当てはまるものになります。

①　　昭和56年5月31日以前に建築されたこと。

②　　区分所有建物登記がされている建物でないこと（マンションは不適用）。

③　　相続の開始の直前において被相続人以外に居住をしていた人がいなかったこと。

（注）　被相続人が要介護認定等を受けて老人ホーム等に入所するなど、亡くなったときに被相続人が居住していなかった場合でも、基本的に特例適用は可能です。

留意点

①　相続の時から譲渡の時まで事業用、貸付用、居住用として使用していたものは、特例を適用できません。つまり、被相続人が亡くなってから、空き家の状態が続いていることが必要です。

② 相続の開始があった日から3年を経過する日の属する
年の12月31日までに売却すること。

（例） 令和2年6月1日が相続開始の場合、令和5年12
月31日までに売却

③ 売却代金が1億円以下であること。あまり高いものは
特例対象にはなりません。

④ 下図のように敷地が広い場合は、特例対象にならない
部分もあり得るので注意してください。

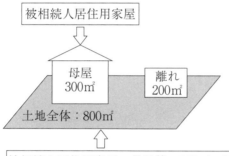

被相続人居住用家屋の敷地等：800㎡×300㎡／500㎡ ＝ 480㎡

敷地については、土地全体のうち、その土地の面積に母屋の床
面積割合を掛けた部分（480㎡）のみが被相続人居住用家屋の敷
地として特例の対象となります（残りの320㎡は特例の対象外）。

⑤ 空き家の特例は期限のある措置（時限立法）です。今
までの経緯を考えれば、延長されると思われますが、現
在決められている期限は令和5年12月31日となっていま
す。

一口情報　家屋の取壊し手続きは売主が行う

　家屋を取壊した後に売却する場合は、取り壊しの手続きは売主が行ってください。買主が取り壊した場合は、特例適用ができないので注意してください。なお、売買契約の上で、取り壊し費用を買主が支払っても結構です。

一口情報　被相続人の自宅が先代所有のまま未分割であった場合の空き家の特例

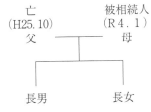

```
        亡            被相続人
     (H25.10)        （Ｒ４．１）
      父 ─────────┬───────── 母


      長男                    長女
```

　※自宅家屋及び敷地は父所有
　　（父・母居住）
　　母の相続開始後、父の遺産
　　分割協議で母が相続
　　その後、母の遺産分割協議
　　で長男が相続・売却

　例えば、上記のように平成25年10月に父が死亡し、令和4年1月に母が死亡した場合、母の死亡前に父の遺産分割の協議が完了していないことがあります。そのような場合、自宅家屋及び敷地は、先ずは、母、長男、長女の各法定相続分（1/2、1/4、1/4）による共有による所有となります。その後、長男、長女で分割協議を行い母が相続することにした場合は、これらの自宅家屋及び敷地は一旦、母の所有となります。そして、改めて母の遺産分割協議で長男が母から相続によりこれらの自宅家屋及び敷地を相続するとした場合（長男と長女のが遺産分割で合意した場合）、他の要件を満たすときには、長男はこの空き家の特例の適用を受けることができるものと考えられます。

60 空き家の特例は、遺産分割のしかたで 3,000万円の控除が倍に？

Q 前問で、空き家の特例については、分かったのですが、親が住んでいた自宅について、まだ、遺産分割が済んでいません。遺産分割のしかたで、特例の適用額が変わりはあるのでしょうか。

A 空き家の特例は、各人ごとに適用しますので、2人の方が相続すれば、各々、売却利益から3,000万円の控除ができます。

控除額の計算

以下、具体的に所得税等がどの程度違うのか、事例でみてみましょう。

〔事例〕

(1) 相続の状況
　　○被相続人甲
　　○相続人（子）乙、丙
　　○相続財産　自宅建物及び敷地

(2) 売却代金
　　○1億円
　　※購入代金は2,000万円とします。

(3) 遺産分割

　　① 乙のみが取得のケース

　　② 乙と丙が2分の1ずつ取得のケース

	特例適用がないケース	①乙が取得のケース	②乙と丙が2分の1ずつ取得のケース
売却代金	100,000,000円	100,000,000円	100,000,000円
購入代金	20,000,000円	20,000,000円	20,000,000円
特別控除	－	30,000,000円	60,000,000円
所得金額	80,000,000円	50,000,000円	20,000,000円
所得税等	国税　　1,200万円 地方税　　400万円 計　　1,600万円	国税　　　750万円 地方税　　250万円 計　　1,000万円	国税　　　300万円 地方税　　100万円 計　　　400万円

　特例適用がない場合に比較し、①のケースでは、**600万円**、②のケースでは、**1,200万円**の差異が生じます。

　また、遺産分割のしかたで、①のケースと②のケースでは、**600万円**の差異が生じます。

留意点

　この特例は、建物を取得している必要があります。そのため、乙、丙が敷地については2分の1ずつ取得し、建物については、乙のみが取得した場合は、丙は特例適用ができませんので留意してください（丙も建物持分を取得すれば、特例適用可能です）。

61 自分の住まいを売却しても利益の3,000万円までは無税

　　　　　私は、今の家を引っ越して子供と同居することとしました。

　そのため、その家を売ろうと考えていますが、30年以上前に購入しているためかなりの利益が出そうです。

　老後の生活資金のことや、また、できるだけ子供には現金で財産を残してやりたいので税金をいくらかでも少なくしたいと考えています。何かいい方法はあるでしょうか。

　　　　　自分が住んでいる家を売却した場合には利益の3,000万円まで税金がかからない特例があります。

　ご自宅については生活の中心となる財産ですから、税法上もその売却について考慮し特例が設けられています。

　つまり、売却代金から買った時の金額と売却するためにかかった費用（不動産仲介料等）を差し引いた利益が3,000万円までは所得税がかからないようになっています。

　それでは、具体的に所得税等がどのくらい違うのか事例でみてみましょう。

〔事例〕

	自宅売却以外のケース	自宅売却のケース
売却代金	3,000万円	3,000万円
購入代金	500万円	500万円
売却費用	200万円	200万円
特別控除	—	2,300万円
所得金額	2,300万円	0円
所得税等	国税 345万円 地方税 115万円 (注1)	0円 0円

┌─────────────────────────────────────┐
│ 自宅の売却とそれ以外とでは国税と地方税を合わせると │
│ 460万円もの差が出てきます。 │
└─────────────────────────────────────┘

(注) 1　所有期間が売却する年の1月1日現在で5年を超える
　　　　場合の税金です（国税15％、地方税5％）。5年を超え
　　　　ない場合はこれの2倍程度の税金になります。なお、復
　　　　興特別所得税を含めると国税は15.315％となります。
　　　2　自宅売却のケースで、所有期間が売却する年の1月1
　　　　日現在で10年を超える等一定の条件を満たす場合には、
　　　　税率が軽減されます。

62 土地を売るなら低い所得税率を利用しよう

Q 　私には、先代から相続した土地と従来から自分で購入してきた土地とを合わせるとかなりの土地があります。

　将来の相続を考えると子供たちが相続税を払うのに困ると思い、少しずつ土地を処分し納税資金を蓄えようと考えていたところ、あるディベロッパーから自分のところに売れば所得税が安くなると言われました。

　本当でしょうか。

A 　ディベロッパーの方のお話は、いわゆる「優良宅地等の譲渡の軽減税率」というものだと思います。仮にこの特例に該当すると、一般の譲渡に比べ所得税の税率が低くなります。

　優良宅地等の譲渡とは、優良な住宅地の造成のための譲渡をいい、国、地方公共団体や一定規模の土地の造成を行う業者に土地等を譲渡した場合に、右の表のように税率が軽減されるものです。

　具体的な条件は、細かく規定されていますので、税理士等の専門家や税務署等に相談されるといいでしょう。

◈譲渡所得の税率の違い

譲渡所得（売却益）	一　　般	優良宅地
2,000万円以下の部分	国税　　15% （注1） 地方税　　5%	国税　　10% （注2） 地方税　　4%
2,000万円超の部分		国税　　15% （注1） 地方税　　5%

（注）1　復興特別所得税を含めると15.315%
　　　2　復興特別所得税を含めると10.21%

　なお、この特例は長期所有（売却した年の1月1日で所有期間が5年を超えるもの）の土地等のみが対象になります（建物は対象になりません）。

　それでは、具体的にどのくらい所得税等が違ってくるのか事例でみてみましょう。

〔事例〕

	一　般　の　譲　渡	優良宅地の譲渡
売却代金	8,000万円	8,000万円
購入代金	1,000万円	1,000万円
売却費用	400万円	400万円
所得金額	6,600万円	6,600万円
所得税等	国税　　990万円 地方税　330万円	890万円 310万円

⇩

> 一般の譲渡と優良宅地の譲渡とでは税金（国税＋地方税）
> で**120万円**の差が出てきます。

(注)　売却された土地は、所有期間が売却した年の1月1日現在で
　　　5年を超えているものとします。

〈所得税等の計算〉

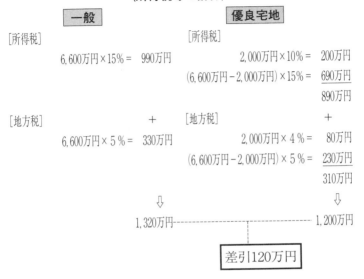

| 一般 | 優良宅地 |

[所得税]

6,600万円×15% ＝ 990万円

[所得税]

2,000万円×10% ＝ 200万円

(6,600万円－2,000万円)×15% ＝ 690万円

890万円

[地方税]　　　　　　　　　＋

6,600万円× 5 % ＝ 330万円

[地方税]　　　　　　　　　＋

2,000万円× 4 % ＝ 80万円

(6,600万円－2,000万円)× 5 % ＝ 230万円

310万円

⇩　　　　　　　　　　　　　　⇩

1,320万円------------------------------ 1,200万円

差引120万円

(注)　復興特別所得税は考慮しておりません。

63 税金のかからない土地の交換とは？

Q

私の所有している土地に貸地がありますが、今後のことを考えて、処分しやすくするために借地人の持っている借地権と私の持っている所有権（底地権）を交換しようと思っています。

聞くところによれば、お金のやり取りがなくても交換は譲渡になるそうですが、やはり税金はかかるのでしょうか。

A

土地と土地、建物と建物というように同種の資産を等価で交換した場合は、条件はありますが所得税はかかりません（申告は必要です）。

（交換の例）

借地人の所有する借地権のうち[⋯]部分と地主の所有する底地権のうち[■]とを交換

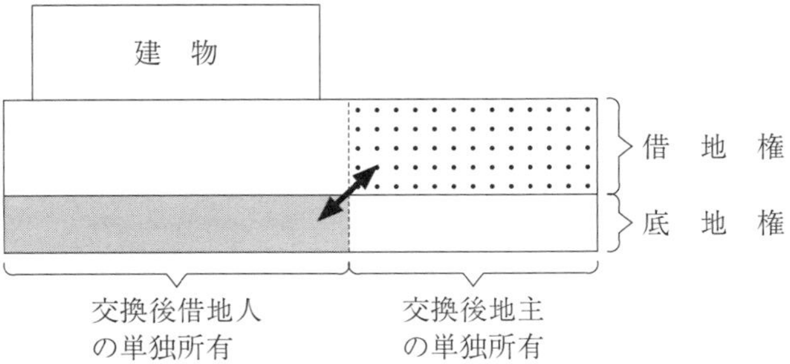
建　物
借　地　権
底　地　権
交換後借地人
の単独所有
交換後地主
の単独所有

交換の特例の条件

① 交換により渡す資産も、もらう資産も固定資産であること。つまり、不動産業者などが販売のために所有している土地など（棚卸資産）は、特例の対象になりません。

② 交換により渡す資産も、もらう資産もいずれも土地と土地、建物と建物のように同じ種類の資産であること。なお、借地権は土地に含まれます。

③ 交換により渡す資産は、1年以上所有していたものであること。

④ 交換によりもらう資産は、交換の相手が1年以上所有していたものであり、かつ、交換のために取得したものでないこと。

⑤ 交換によりもらった資産を、渡した資産と同じ用途に使用すること。つまり、宅地で利用していたものは宅地として利用し、農地として利用していたものは農地として利用するといったことです。

⑥ 交換により渡す資産の時価と、もらう資産の時価との差額が、これらの時価のうちいずれか高いほうの価額の20％以内であること（なお、交換により相手から差金をもらった場合にはそれに対して譲渡所得税がかかります）。

64 土地の売却損と売却益を通算しよう

Q　私は、いくつかの土地を持っていますが、その中に地価が高かったころに買った土地があります。

借入金で購入した経緯があり、金利の支払いも大変なことから売却したいと考えていますが、当然赤字になります。

この土地以外は40年以上前から所有しており、売れば利益が出ると思いますが、これらの赤字と利益は通算できるのでしょうか。

A　土地を売却した場合の損失と利益の通算は可能です。

ご承知のとおりバブル時に高騰した土地の価格もその後多少は回復したものの、まだまだ低い状態です。当時土地を購入された方の中には、借入金の返済等で悩んでおられる方もいらっしゃるかと思います。

そこで、その土地以外で売却すれば利益が出そうな土地があれば、合わせて処分することによって税金の負担を少なくすることができます。

また、相続税の納税資金を確保する必要のある方は、こうして手元に残る現金を増やすことも考えるべきでしょう。

売却益が減少し所得

税も減少

　それでは、具体的に所得税等がどのくらい違うのか事例

でみてみましょう。

〔事例〕

	利益の出る土地	損失の出る土地	両方の土地を通算
土地売却代金	6,000万円	4,000万円	1億円
土地取得費	2,000万円	7,000万円	9,000万円
売却費用	300万円	200万円	500万円
売却益	3,700万円	▲3,200万円	500万円
所得金額	3,700万円	－	500万円
所得税等 (注1)(注2)	国税　555万円 地方税 185万円	0円	75万円 25万円

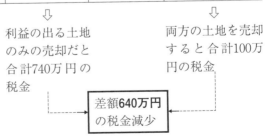

利益の出る土地
のみの売却だと
合計740万円の
税金

両方の土地を売却
すると合計100万
円の税金

差額640万円
の税金減少

　(注)　復興特別所得税は考慮しておりません。

（注）1　売却された土地は、所有期間が売却した年の1月1日現在
　　　　で5年を超えているものとします。
　　　2　税額は次のように算定します。
　　　　国税……3,700万円×15％※　　　国税……500万円×15％※
　　　　地方税…3,700万円× 5 ％　　　　地方税…500万円× 5 ％
　　　　※復興特別所得税を含めると15.315％になります。

一口情報　**自宅の売却損は給与所得等と通算（相殺）できる？**

　土地や建物の売却損は他の土地や建物の売却益と通算
（相殺）できますが、他の給与所得や事業所得、不動産所
得等とは通算できません。ただ、ご自宅を売却した場合の
売却損は他の所得と通算が可能です（銀行ローン等が残っ
ていることが主な条件です）。また、他の所得と通算しき
れない場合の売却損は、翌年以降3年間繰り越して他の所
得と通算できます。

相続時精算課税制度を利用した相続対策

65 相続時精算課税制度ってなに？

 Q　知人から贈与税に大幅な非課税枠があるという話を聞きました。相続時精算課税制度といわれているようですが、その内容について教えてください。

A　相続時精算課税制度は、平成15年度の税制改正で導入されました。

特徴としては、親から子や祖父母から孫に対して贈与があった場合に、子や孫がこの制度を選択すると生前の贈与に2,500万円の非課税枠（注）を使えることと、相続時点で生前贈与財産を相続財産に加算して相続税を計算するということです。その場合、生前の納付済みの贈与税については計算された相続税から差し引かれます。

（注）　贈与時には非課税ですが、上述のとおり、相続時に加算されます。

贈与税、相続税の計算のしかた

◆贈与税額の計算

この制度の選択をした受贈者（子・孫）は、贈与者（親・祖父母）からの贈与財産について、他の贈与財産と区別して、贈与税額を計算します。

この制度を選択した年以後については、贈与税の基礎控

除110万円を控除せず、この制度を使った贈与財産の価額の合計額から非課税枠2,500万円（複数年に渡り利用可）を差し引いた後の金額に一律20％の税率を掛けて贈与税額の計算をします。

〔例〕

父（贈与者）──→ 長男（受贈者）…贈与税100万円

3,000万円贈与　　　＊（3,000万円−2,500万円）×20％

　この制度を選択した受贈者（子・孫）が、贈与した親以外の人から贈与を受けた場合には、一般の贈与の非課税枠（基礎控除）110万円は適用できます。

〔例〕

○父からの贈与…相続時精算課税制度を選択（非課税枠2,500万円）

○母からの贈与…従来からの一般贈与を選択（非課税枠110万円）

（注）　相続時精算課税制度を選択した贈与については、相続時に相続財産に加算されるのに対し、一般贈与の場合は基本的に相続財産には加算されないといった違いがあります。

◆相続税額の計算

　この制度の選択をした受贈者（子）は、贈与者（親）からの相続時に、それまでの贈与財産と相続財産を合算して

計算した相続税額から、既に支払ったこの制度についての贈与税額を差し引きます。その際、相続税額より支払った贈与税が大きい場合は、その差額は還付されます。

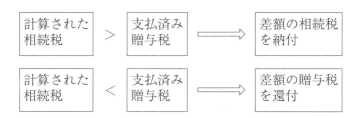

◈相続財産に合算される贈与財産の価額

相続財産に合算される相続時精算課税制度を適用した贈与財産の価額は、贈与時の時価（相続税評価額）となります。そのため、贈与財産の価額が贈与時点と相続時点で同じであれば、生前贈与してもしなくても結果的に相続税額には影響が出ませんが、違っていれば影響が生じます。

	贈与時点	相続時点	相続税への影響
贈与財産評価額	1,000	1,000	合算される贈与財産額 1,000（相続税負担影響なし）
		1,500	合算される贈与財産額 1,000（相続税負担減少）
		500	合算される贈与財産額 1,000（相続税負担増加）

相続時精算課税制度の事例とイメージ

〔事例〕

○関係者

　被相続人甲（贈与者）

　相続人A（相続時精算課税制度選択者）

　相続人B（相続時精算課税制度選択せず）

○贈与内容

　（相続時精算課税適用の贈与）　甲 ⟶ A

　　1回目……4,000万円　2回目……2,000万円

　（相続開始前3年以内の通常贈与）　甲 ⟶ B

　　1,000万円（贈与税177万円）（注）

○相続財産等

　残余相続財産……1億3,000万円（A：1億円、B：

　　　　　　　　　3,000万円）

　みなし相続財産（死亡保険金や死亡退職金など）……なし

　（注）　P59の贈与税率表（特例税率）参照

〔イメージ〕

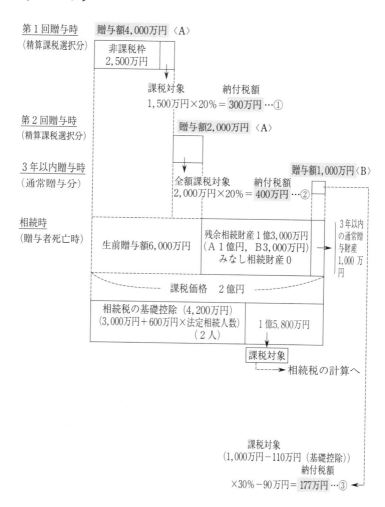

第1回贈与時
（精算課税選択分）

贈与額4,000万円〈A〉

非課税枠
2,500万円

課税対象　　　　納付税額
1,500万円×20％＝300万円…①

第2回贈与時
（精算課税選択分）

贈与額2,000万円〈A〉

3年以内贈与時
（通常贈与分）

全額課税対象　　　納付税額
2,000万円×20％＝400万円…②

贈与額1,000万円〈B〉

相続時
（贈与者死亡時）

生前贈与額6,000万円

残余相続財産1億3,000万円
（A 1億円，B 3,000万円）
みなし相続財産 0

3年以内
の通常贈
与財産
1,000万
円

課税価格　2億円

相続税の基礎控除（4,200万円）
（3,000万円＋600万円×法定相続人数）
（2人）

1億5,800万円

課税対象
→ 相続税の計算へ

課税対象
（1,000万円－110万円（基礎控除））
納付税額
×30％－90万円＝177万円…③

○相続税の計算

相続税総額……3,340万円

Aの相続税

……3,340万円 × $\dfrac{1億6,000万円}{2億円}$ − (① + ②)

↓
精算課税贈与税

= 2,672万円 − 700万円 = 1,972万円

Bの相続税

……3,340万円 × $\dfrac{4,000万円}{2億円}$ − ③

↓
3年以内贈与税

= 668万円 − 177万円 = 491万円

(注)　相続開始前3年超の通常贈与財産については、相続財産に加算されません。

66 相続時精算課税制度と従来からの制度 との違いは？

Q 前問で相続時精算課税制度の概要は分かったのですが、従来からの制度との違いや同じ点をもう少し詳しく教えてください。

A 従来からも贈与財産を相続財産に加算する制度はあります（暦年課税制度といいます）が、あくまでも相続開始前3年以内のものに限られます。

これに対し、相続時精算課税制度は、この制度を選択後の贈与について適用があります。

また、相続財産と合算する贈与財産の価額は、贈与時の時価となりますが、これは従来からの3年以内の贈与財産の加算制度と同じです。

なお、従来からの3年以内の贈与財産の加算制度が、納付した贈与税が相続税を超える場合でも還付されない（納付した贈与税額を相続時に精算する趣旨で採られている制度ではないため）のに対し、相続時精算課税制度では、同様な場合は、還付を受けることができます。両者の違いを表にすると次のようになります。

◈暦年課税制度と相続時精算課税制度の相違

	暦年課税制度 （3年以内の贈与加算）	相続時精算課税制度
贈与者の年齢	制限なし	60歳以上（注1）
受贈者の年齢	制限なし	20歳以上（注1）（注2）
相続時の加算財産	相続開始前3年以内のもの	制度適用後のもの
贈与財産の加算額	贈与時の時価（相続税評価額）	贈与時の時価（相続税評価額）
相続税＜贈与税の場合	差額分は還付されない	差額分は還付される
贈与財産からの債務控除	できない	できる

（注）1　贈与の年の1月1日現在で判定します。

　　　2　令和4年4月1日以後に贈与を受けた場合は18歳以上。

◈非課税枠の相違

	暦年課税制度	相続時精算課税制度
非課税枠	110万円	2,500万円

相続時精算課税の特徴

◈贈与者ごとの選択

　相続時精算課税制度は、贈与者ごとに選択できます。例

えば、父からの贈与については相続時精算課税制度、母からの贈与については暦年課税の贈与制度を適用することもできます。

　また、長男が相続時精算課税制度を選択しても次男が同様にその制度を選択する必要はなく、各人の任意です。

〔例〕
　　《贈与》

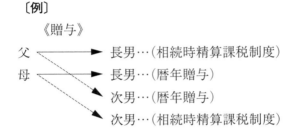

父 ──────→ 長男…（相続時精算課税制度）
母 ──────→ 長男…（暦年贈与）
　　　　　　　　次男…（暦年贈与）
　　　　　　　　次男…（相続時精算課税制度）

◆贈与者、受贈者の条件

　この制度の適用を受けられる贈与者は、60歳以上の親や祖父母、受贈者は20歳以上（P195（注）参照）の子や孫です。養子も実子と同じ扱いで、その人数には制限はありません。

◆この制度を受けるための手続

　この制度の選択をしようとする受贈者（子・孫）は、この制度を適用する最初の贈与を受けた年の翌年2月1日から3月15日までの間に所轄の税務署に贈与税の申告を行います（期限内に申告しないとこの制度は受けられません）。その際に申告書にこの制度を適用する内容の届出書を添付

します。

◆**制度選択後の撤回**

　最初の贈与の際の届出によって相続時までこの制度は継続して適用されます。選択したことの撤回は認められません。そのため、いったん選択すると、その後は一般贈与（基礎控除110万円）は選択できなくなります。

◆**この制度の対象財産、贈与回数**

　贈与財産の種類、金額、贈与回数には、制限はありません。

◆**贈与財産の物納**

　従来からの制度では、相続開始３年以内の贈与加算される財産は、物納が可能です。

　しかし、相続時精算課税による贈与財産は物納ができません。

《**参考・相続時精算課税を選択した受贈者が先に死亡した場合**》

　相続時精算課税を選択した贈与を受けた人が先に死亡した場合には、贈与を受けた人の相続人がそれらの権利義務を法定相続分で承継します。また、この場合、相続人が贈与者である場合（P199の例２のケース）には、その贈与者は贈与を受けた人の権利義務は承継しません。

《例1》

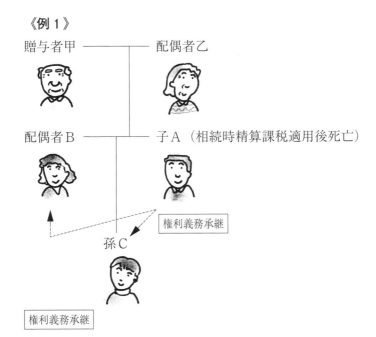

＊Aの負担する甲の相続時の相続税は相続人であるBとC
　が承継します（B2分の1、C2分の1）。

《例2》

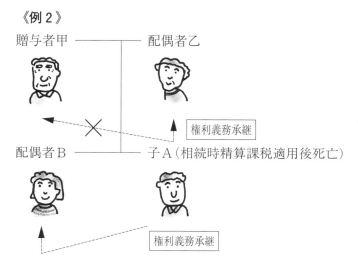

贈与者甲 ————— 配偶者乙

権利義務承継

配偶者B ————— 子A（相続時精算課税適用後死亡）

権利義務承継

＊Aの負担する甲の相続時の相続税は、相続人であるBと
乙が承継します（B3分の2、乙3分の1）。甲はAの
相続人ですが贈与者本人であるため承継しません。

| 一口情報 | 贈与を受ける人の年齢は20歳以上？　18歳以上？ |

　相続時精算課税制度の受贈者（贈与を受ける人）の年齢
ですが、令和4年3月31日までの贈与については、贈与を
受ける年の1月1日現在で20歳以上の人が対象です。令和
4年4月1日以降の贈与については、贈与を受ける年の1
月1日現在で18歳以上の人が対象です。

67 両親から同時に精算課税の贈与が受けられる？

Q　私は、本年3月に父から3,000万円、母から1,000万円の現金贈与を受けました。

これらの贈与について、どちらも相続時精算課税の適用は受けられるでしょうか。また、受けられるような場合、贈与税はどのような計算になるのでしょうか。

○父からの贈与（3,000万円）｜
○母からの贈与（1,000万円）｜

＞ どちらも相続時清算課税適用可？

A　両親からの贈与について、相続時精算課税を適用することができます。そのため、最高で5,000万円の特別控除（2,500万円の特別控除×2人）が使えます。

相続時精算課税は、贈与者ごとに選択できます。そのため、父、母、各々相続時精算課税を選択すれば適用することは可能です。

なお、父からの贈与についての贈与税は100万円、母からの贈与についての贈与税はゼロとなります。

贈与税額の計算は、下記になります。

(1) **父から贈与を受けた財産の贈与税額の計算**

3,000万円（贈与額）－2,500万円（特別控除額）＝500万円

500万円 × 20%（税率）＝ 100万円（贈与税額）

・・・・・①

(2) **母から贈与を受けた財産の贈与税額の計算**

1,000万円(贈与額) − 1,000万円(特別控除額) = 0 万円

贈与税額　=　0 円・・・・・・・・・・②

(注)　特別控除額の未使用分（2,500万円−1,000万円）は翌年以降に繰越可能。

(3) **贈与税合計額**

①　+　②　=　100万円

68 養子に贈与した場合の相続時精算課税の適用は？

Q 私には子供がおらず、本年6月に妹の子（甥）と養子縁組し、7月に所有する土地の一部を贈与しました。また、本年1月にもこの甥に現金を贈与しています。

養子の場合でも、相続時精算課税は適用できるでしょうか。また、私のように養子縁組前の贈与と養子縁組後の贈与がある場合、どのようになるのでしょうか。

なお、私の年齢は68歳、妹の子（甥）は30歳です。

```
    1月              6月    7月
 ───┼───────────────┼─────┼──────────────▶
  現金贈与          養子縁組 土地贈与
```

A 養子であっても実子と同じ扱いになり、相続時精算課税の適用は可能です。

また、養子縁組前の贈与については、通常の贈与税となります（110万円の基礎控除適用）（注）。

一方、養子縁組により貴方と妹の子（甥）には親子関係が生じますので、養子縁組後の贈与については相続時精算課税が適用できます。

また、贈与をする方は、贈与の年の1月1日現在で60歳以上であり、贈与を受ける方についても贈与を受けた年の1月1日現在で20歳以上（P95（注）参照）ですので条件を満たしています。

(注)　養子縁組前の贈与については、相続時精算課税は適用できませんので注意してください。

一口情報　**贈与を受けた財産を処分してしまっていた場合も加算？**

　相続時精算課税制度は、贈与財産そのものを相続財産に加算するのでなく、贈与を受けた財産の価額を相続財産に加算する規定になっています。そのため、相続開始時に贈与財産を所有しているか否か、贈与財産の価額に変動があるか否かに関係なくすべて贈与時の時価（相続税評価額）で相続財産を計算します。

　そのため、贈与財産が他の財産に変わっていたとしても贈与財産の贈与時の時価（相続税評価額）を相続財産に合算して相続税を計算します。

一口情報　**特別控除(非課税枠)の翌年以降への繰り越し**

　相続時精算課税の特別控除は2,500万円ですが、例えば今年（令和4年）1,500万円の贈与を受け、この特別控除を使用した場合、残りの1,000万円は翌年（令和5年）以降に繰り越せます。

　また、相続時精算課税は期限内申告であることが条件となっていますので、仮に、令和5年にも贈与を受け、その贈与について期限後申告となった場合には残っていた1,000万円の特別控除は使えません。なお、この1,000万円の特別控除はその翌年（令和6年）以降に繰り越されることになります。

69 従来からの通常贈与（暦年課税）と相続時精算課税制度はどちらがいい？

Q 贈与を受けた人の選択で、従来からの一般贈与と相続時精算課税制度はどちらでもよいようですが、実際、どちらの制度を選んだ方がよいのでしょうか。何か目安になるようなものはあるのでしょうか。

A 従来からの通常贈与と相続時精算課税制度のどちらの制度がよいのかは、一概には判断がつかないのが現状だと思います。いくつかのパターンでシミュレーションをする必要が出てくると思います。

前述しましたが、相続時精算課税制度を適用できるのは贈与者が60歳以上の親（住宅取得等資金に関するものは年齢制限なし）で、受贈者が20歳以上（P195（注）参照）の子・孫です。

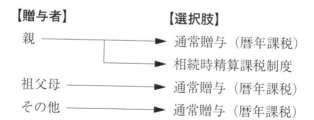

【贈与者】　　　　　【選択肢】

親 ───────→ 通常贈与（暦年課税）
　　　　　　　　　→ 相続時精算課税制度

祖父母 ─────→ 通常贈与（暦年課税）

その他 ─────→ 通常贈与（暦年課税）

ここで、通常贈与の場合は非課税枠（基礎控除）が110万円で、その金額を超える部分は累進の贈与税率で課税さ

れます。

　それに対し、相続時精算課税制度の場合は非課税枠が2,500万円で、それを超える部分は一律20％の贈与税率で課税されます。

　なお、通常贈与は相続開始前３年以内の贈与以外は、相続財産に加算されないのに対し、相続時精算課税制度を適用する場合は、相続時に贈与財産が贈与時の時価（相続税評価額）で加算されます。

　これらのことを考え合わせると、あくまでの目安ですが次のことが言えると思います。

○相続税がかからない若しくはかかっても少額の場合は、相続時精算課税制度が有効

> 通常贈与で何年もかけて財産を移転するのに比較し、早期に多くの財産移転が可能で、仮に贈与税を支払った場合、相続時に還付される可能性大。

○相続発生まで長期間贈与が可能な場合は、通常贈与が有効

> 長期間掛けて多くの財産の贈与移転が可能で、相続時に相続財産の加算も基本的にない（相続開始前３年以内の贈与は加算）。

○贈与を受ける人がまとまった資金を必要としている場合は、相続時精算課税制度が有効

贈与を受ける人が多額の住宅ローンを抱えている場合等、贈与資金で一括返済できる場合の金利負担の減少効果は大きい。現金等については、贈与時の価額も相続時の価額も基本的に変わらないため、相続時精算課税の適用の有無による損得はない。

○財産規模が大きく多額の相続税がかかる場合は、初期から中期は通常贈与、後期は相続時精算課税制度が有効

通常贈与から始めることである程度の財産を移転できる。その後、相続時精算課税制度を適用し収益物件等（賃貸マンション、アパート等）を贈与することで、贈与を受けた人に収入が入り被相続人の現金収入の蓄積（相続税の対象）も防げる。また、後期に相続時精算課税制度を使った贈与を行うことにより贈与物件の値下がりリスク（注1）も小さい。

（注）1　Q70の相続時精算課税制度選択の有利不利をご参照ください。

2　相続時精算課税の利用方法については、Q70をご参照ください。

| 一口情報 | 海外財産の贈与を受けた場合の相続時精算課税特例は？ |

　国内のみでなく海外に財産をお持ちの方や、また、財産の贈与を受ける人が海外に住んでいるようなケースも最近ではかなり増えました。

　このような場合の相続時精算課税特例の利用についてですが、海外の財産の贈与を受けた場合でも、贈与を受けた人は、相続時精算課税特例を利用することができます。また、贈与を受けた人が海外に居住していても、特に制限はなく、特例を受けることができます。

70 相続時精算課税制度選択の有利不利及び利用法

 Q 相続時精算課税を選択した場合、有利な場合と不利な場合があると思いますが、その概要について教えて下さい。

A 相続時精算課税制度を選択した場合の有利不利及びその利用法について以下記述します。

相続時精算課税制度選択の有利不利

　相続時精算課税制度においては、贈与時の時価で相続財産に加算され相続税が計算されます。そのため、相続時精算課税制度を適用し贈与した財産が、相続時までにその価額が上昇していれば相続時精算課税制度を適用したことが有利に働きます。一方、相続時に下落していれば不利に働きます。

〔例〕

＊相続税率を30％と仮定します。

相続税評価額 5,000万円の土地 贈与

《令和4年》　父 ━━━━━━━━━━━━━━━━▶ 子

《相続発生時》

○土地評価額7,000万円のケース

　⟹ 相続税の差＝（5,000万円－7,000万円）×30％

$$= \triangle 600万円$$

＊生前贈与しない場合に比較し**600万円の相続税減少**

○土地評価額3,000万円のケース

$\Longrightarrow$ 相続税の差＝（5,000万円－3,000万円）×30％

$$= 600万円$$

＊生前贈与しない場合に比較し**600万円の相続税増加**

　また、将来の相続税の上昇リスクを回避し、その金額を固定化するといった観点から本制度を選択するといったことも考えられます。例えば、極端な話ですが、すべての財産を相続時精算課税制度を適用し、贈与してしまえば将来の相続税は、その段階で基本的に確定することになります。

相続時精算課税制度の利用法

◆収益物件の贈与

　従来、収益性の高いアパート等を子に贈与しようとしても高額な贈与税の負担のため実際にはできないことも多くありました。本制度では、非課税枠が拡大され、贈与税率が20％と一定税率のため、これらのことが容易になりました。しかも収益物件からの収入はその後、子に移転し、それは相続税の対象にはなりません。

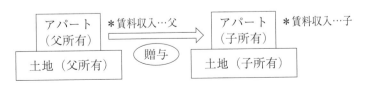

◈自社株の贈与

　本制度を利用して自社株を贈与した場合、相続時に相続財産に加算される価額は、前述のとおり贈与時の価額です。例えば、現在、5,000万円の自社株を贈与したとします。仮に相続時に1億円に上昇していても5,000万円のままです。現在の株価で相続税が計算されますから当然、相続税も低くなります。相続税率が仮に30％なら税額で1,500万円の相違が生じます。

　現在の株式の評価方法は、会社に利益が発生すると高い割合で株価が上昇する方式に変更されています（類似業種比準価額方式）。株価が上昇基調にある会社や特に株式公開を目指しているような会社のオーナーにとっては一考に値すると思います。

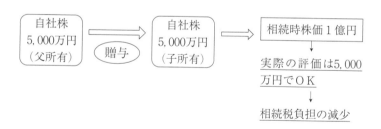

◈生前の財産分割、事業承継

　実際に相続が発生すると遺産分割で紛糾するケースは多数見受けられます。そのため、本人が元気なうちに、例えば、一部の子に財産を贈与し、その代わりとして遺留分の放棄を依頼し、残った子に残りの財産を遺言で相続させる

ようなことも行いやすくなりました。生前に贈与を受ける
子についても、相続時に財産を取得する場合と比較し、金
銭的な余裕がない年代で財産の贈与を受けたいと考える方
が多いと思われます。

　また、会社の後継者が決まっていても、その後継者に自
社株や会社の事業継続に必要な財産（例えば、社長が所有
する本社屋の敷地等）を確実に引き継げるかどうかは、い
ざ、相続が発生してみないと確実なところは分かりません。
このような場合も、生前贈与と遺留分の放棄、遺言を組み
合わせることで対応がしやすくなります。

〔例〕

　子Ａ… 遺言で必要財産を相続させる

　子Ｂ… 相続時精算課税を適用し贈与 ＋ 遺留分放棄

　子Ｃ… 相続時精算課税を適用し贈与 ＋ 遺留分放棄

◈将来の納税資金の確保

　本制度を利用して生前贈与を受けた場合、相続時には贈
与財産も含めて相続税が精算されます。負担する相続税の
ために、例えば、事前に契約者子、被保険者親、受取人子
といった生命保険に加入し相続税相当部分を保険でカバー
できるようにする、遺言で相続税相当分は生前に贈与を受
けた者に遺贈するといったような工夫をされるのもよいか
と思います。

納税資金等の事前準備

- 保険の活用等
- 相続税の納税を猶予してもらう
  特例の活用

◇保険の活用等◇

71 納税資金を作るにはどんな保険に入ればいいの？

Q 相続の時に妻や子供たちが納税資金に困らないように保険に入ろうかと考えていますが、どんな保険に入ったらいいのかわかりません。教えてください。

A 納税資金を確保するためには終身保険をお勧めします。

生命保険を大別すると定期保険と終身保険に分かれます。各々の特徴は次のとおりです。

◆定期保険

定期保険は、5年、10年などの一定期間内に被保険者が死亡した場合に限って死亡保険金が支払われるものです。掛け捨てですので満期保険金はありませんが、安い保険料で高額な保障を得ることができます。

安い保険料で高倍率な保険金が得られるので資金負担は少なくて済みますが、65歳とか70歳とかで保険が切れてしまうため、その後に死亡した場合、保険金がおりないという難点があります。

◈**終身保険**

　被保険者が死亡した場合に限って保険金が支払われるのは定期保険と同じですが、違う点は保障期間は一生ということです。

　日本人の平均寿命を考えたときに、定期保険ですといざという時に保障が切れていたということにもなりかねません。ですから、相続税の納税資金を確保するためには終身保険のほうが安心だと思います。

納税資金の確保なら終身保険

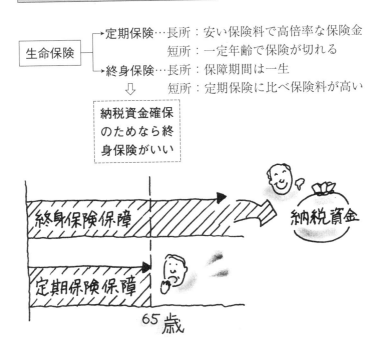

72 保険金が増えると相続税も増える、相続税を増やさずに納税資金を増やす方法

Q 生命保険を掛けても、保険金の非課税枠を超えていれば、保険金にも相続税がかかってしまうと思います。

遺産が高額な場合、相続税率も高く、保険金のほとんどが税金になってしまって納税資金も確保できず、ばからしいと思うのですが、何かよい方法はないのでしょうか。

A 資産が多額の場合、親自身が保険の契約者になるのではなく、相続人となる子供が保険契約者及び受取人となって親に保険を掛けてみてはどうでしょうか。

この場合、保険金を受け取っても相続税はかかりません。そのかわり、子供の一時所得となって所得税がかかります。

大資産家の場合、一般的には相続税と子供の所得税を比較してみると所得税のほうが低いと考えられますので、その分支払う税金は安くなります。

それでは、具体的に相続で保険金を取得した場合と、一時所得で取得した場合とを比較し、どのくらい節税になるのかをみてみましょう。

〔事例〕

　生命保険金……１億円

　相続財産………30億円（相続税は最高税率55％です）

　相続人……子供３人

　保険契約者の相続人の給与所得……1,000万円

　　　　　　　　　⇩

①　相続で保険金を取得

　した場合の相続税……１億円×55％＝　5,500万円

②　一時所得で保険金を取得

　した場合の所得税…１億円×1/2×45％（所得税率）

　　　　　　　　　　　　　　　　　＝　2,250万円

　＊一時所得で課税されるのは１億円の1/2です。

　相続の場合と、一時所得の場合とでは税額で**3,250万円**の差が出ますので、相続税の納税資金にも同額の差が出ます。一考の価値はあると思います。

＊　説明をやさしくするために生命保険金の非課税枠や一時所得の住民税の計算等は考慮していません。また、税額の計算は概算になっています。

73 オーナー経営者のための保険加入

> **Q** 　私は、戦後創業したある会社の社長をしています。
>
> 　相続税の納税資金の準備のため個人でも生命保険に加入していますが、これ以上は保険料を支払うことはできません。
>
> 　納税資金を確保するためには、まだ、もう少し保険に加入しておく必要があります。
>
> 　何かよい方法はないでしょうか。

A 　会社が社長に生命保険を掛け、会社に入ってくる保険金を基に死亡退職金を支払うことにしてはどうでしょうか。

　オーナー経営者の相続の場合、オーナー経営者の個人的な財産の大半がその会社の株式といったことがよくあります。

　しかし、株式は上場株式でない限り実際には他人に売却することは困難です。

　そのため、一般の資産家よりもいっそう納税資金を確保するのが難しくなります。

　そこで、社長さんが保険を掛けきれない部分を会社が社長さんに保険を掛け、会社に入ってくる保険金から死亡退

職金を支払うことで相続人の方の納税資金を確保する方法が考えられます。

　また、Q47で説明しましたように退職金についても次のような非課税枠があり節税にもつながります。

　※退職金の非課税金額＝500万円×法定相続人の数

会社の保険金を退職金に

会　　社

　　　　　保険契約（保険契約者及び受取人・会社、
　　　　　　　　　　被保険者・社長）

　　　　保険料の支払い

保険会社

　　　………社長の相続発生

　　　　保険金の支払い

会　　社

　　　死亡退職金の支払い（保険金を源資）

社長の相続人

〔保険の種類と会社経理〕

①　定期保険………損金経理

②　養老保険………1/2損金経理、1/2資産計上

③　終身保険………資産計上

　　＊納税資金の確保を目的とすれば終身保険がお勧めです。

74 相続財産の内容がわかる書類をあらかじめ準備しよう

Q いざ相続が起きると時間もなく、相続財産を一つ一つ調べるのに大変苦労すると聞きました。

事前にどのような書類があれば財産の内容がわかるのか教えてください。

A 相続が起きると葬儀や法要や何かと慌ただしい日々が続きます。いざ、気が付いてみると相続税の申告期限が間近に迫っているようなこともあるようです。

申告間際になって慌てないように、事前に準備することをお勧めします。

また、事前に準備しておけば、今現在、相続が起きたら相続税がどの位かかるのか知りたいときの計算も容易になるでしょう。

各財産ごとに必要と思われる書類は右の表のとおりです。この中で準備できるものから準備しておくようにしましょう。

◆財産の区分と必要書類

財産の区分		必　要　書　類
不動産	土　　地	登記事項証明書、公図（法務局で取れる）、測量図 固定資産税評価証明書（市役所、都内は都税事務所で取れる） 路線価図、評価倍率表（税務署で見られる） 土地賃貸借契約書（借地、貸地の場合）
	家　　屋	登記事項証明書、固定資産税評価証明書、建物賃貸契約書（貸家の場合）
預　貯　金		残高証明書、預貯金証書、預貯金通帳
有価証券	上場株式	保護預り残高表（証券会社に依頼） 銘柄別の残高一覧表、売買計算書
	公社債等	残高証明書、銘柄別の残高一覧表、証券
	非上場株式	発行会社の過去３年間の決算書、法人税申告書、株主名簿 土地賃貸借契約書（被相続人と土地賃貸借がある場合）
生命保険金		保険証券、保険会社の支払明細書
退　職　金		（死亡）退職金の支払調書
債務等	債　　務	借入金残高証明書（銀行等に依頼）、相続時に未払いであった医療費領収書 準確定申告書、固定資産税・住民税の納税通知書
	葬式費用	費用領収書、領収書の取れないものは内容・相手先・金額・日付を書いたメモ等

　相続税の申告期限までに国や地方公共団体、特定の公益法人に相続財産を寄附した場合には、相続税の負担を不当に減少することとならない限り、寄附した相続財産には相続税はかかりません。

　社会的には価値があっても、相続人が管理するのが難しいような財産の場合、社会貢献の上でも一考に値するでしょう。

◇相続税の納税を猶予してもらう特例の活用◇

75 自分の会社の株式の相続税が猶予される特例制度ってなに？

Q 私は会社の社長をしていますが、先日、概算ですが会社の株価を計算してみたところ、思った以上に高くなっており、将来、子供が相続した場合の相続税が心配になりました。聞くところによりますと、私のような会社経営者のために、相続税の特例があるようですが、どのような内容でしょうか。

A 後継者である相続人等が、相続や遺贈（遺言による贈与）で、非上場会社の株式を被相続人（先代経営者）から取得し、その会社を経営していく場合には、その後継者は相続税を支払わなければなりません。ここで、その相続税のうち株式に対応する相続税が猶予されるといった非常に有利な特例制度です。ただ、後継者が株式を取得する必要があります。遺産分割協議が長びくと適用できないケースもあるので注意してください。

なお、株式を贈与した場合も同様に贈与税の納税猶予の特例制度があります。

最近の改正でとても使いやすい制度になっていますが、手続きが煩雑な部分もありますので、実行する場合は専門家にご相談されることをお勧めします。

　3億円の遺産の中で納税猶予を適用する株式の価額が2億円（その他1億円）とします。相続税の総額が仮に7,500万円とすると、大雑把にいえば5,000万円（7,500万円×2億円/3億円）が猶予されることになります。

非上場株式の納税猶予制度の背景

(1)　中小企業では、大株主が代表者として経営に従事し、個人資産を会社の事業に使用したり、借入れの担保に提供していることが多くあります。そして、経営者に相続が発生すると、私的な問題に留まらず、会社の事業の継続・発展に大きな影響を与えます。

(2)　経営者の相続財産の多くは、株式等の事業用資産です。換金性の乏しい非上場株式にかかる相続税の負担は、結果として、会社の経営の不安定化を招く可能性があります。

(3)　中小企業では、経営者が会社の借入れに対して個人保証を行っていたり、会社に運転資金を貸し付けていることが多くあります。このため、仮に相続財産に納税資金に見合う現預金があっても、将来の会社経営のために、一定の現預金は確保しておくことが必要となります。

　以上のような背景を主なものとして、非上場株式の納税猶予の制度ができています。

　なお、この制度は、平成21年度の税制改正で導入されました（一般措置）が、平成30年度の税制改正で、抜本的な

改正が行われ、上記の一般措置に加え新たに特例措置が創設されました。そのため、現在では、従来からの一般措置と特例措置が並存している状況です。なお、内容的には特例措置の方が使い易く、実務的にもこちらを利用される方がほとんどです。

納税猶予制度とは

　非上場株式等の納税猶予（事業承継税制）については、贈与税に関するもの（非上場株式を贈与した場合）と相続に関するもの（非上場株式等を相続した場合）があります。

　納税猶予を適用するパターンは大きくは次の３つに区分されると思います。

　○　非上場株式の贈与を受け、贈与税の納税猶予を適用するパターン。

　○　非上場株式の贈与を受け、贈与税の納税猶予を適用後、贈与者が亡くなり、その後、相続税の納税猶予を適用するパターン。

　（注）　猶予されていた贈与税は免除されます。ただし、贈与は既に完了していますが、相続等で取得したものとして相続税がかります。

　○　非上場株式の相続を受け、相続税の納税猶予を適用するパターン。

　なお、納税猶予は非課税ではありません。一定の条件を満たし続けることで、納税が猶予されることになります

【納税猶予のイメージ】

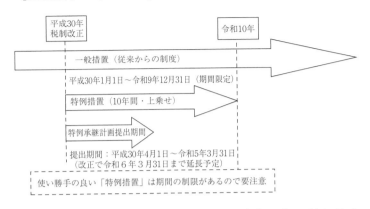

　上記にもあるように、特例措置は、令和９年12月31日ま
での相続、贈与に適用がありますが、令和５年３月31日
（改正で令和６年３月31日まで延長予定）までに特例承継
計画を都道府県知事に提出する必要があります。

　なお、贈与税の納税猶予を適用後に贈与をされた方が亡
くなった場合は、上述のとおり猶予された贈与税は免除に
なります。ただ、相続税がかかってきますが、贈与された
方の亡くなった時期にかかわらず、相続税の納税猶予が適
用できます（令和10年以降に贈与された方が亡くなっても、
相続税の納税猶予は適用可）。

　相続の時期は分かりませんので、基本的にこの制度（特
例措置）は、贈与税の納税猶予を適用し、その後に、贈与
された方が亡くなったときに相続税の納税猶予を適用する
ケースが多いと思われます。

【参考：特例措置と一般措置の比較】

	特例措置	一般措置
事前の計画策定等（都道府県知事に提出）	5年以内の特例承継計画の提出 平成30年（2018年）4月1日〜 令和5年（2023年）3月31日まで（改正で令和6年3月31日まで延長予定）	不要
適用期限	10年以内の贈与・相続等 平成30年（2018年）1月1日〜 令和9年（2027年）12月31日まで	なし
対象株数	全株式	総株式数の最大3分の2まで
納税猶予割合	100%（株式にかかる贈与税・相続税の全額が猶予されます。）	贈　与：100%、相　続：80%
承継パターン	・複数の株主から最大3人の後継者	・平成29年までは、1人の株主から1人の後継者 ・平成30年からは、複数の株主から1人の後継者
雇用確保要件	弾力化（実質的には廃止） （注）雇用水準が要件を満たさない場合、認定経営革新期間（税理士等）の意見が記載されている報告書を提出します。	承継後5年間 平均8割の雇用維持が必要
事業の継続が困難な事由が生じた場合の免除	あり	なし

一口情報　農地の相続の場合も納税猶予の特例がある

　農地についても、相続税の納税猶予の特例制度が設けられています。これは、現行民法の均分相続による農地の細分化の防止と農業後継者の育成を税制面から助成する必要性を背景としています。この特例では、農業の後継者が相続する土地を農業投資価格で評価した場合と、通常に農地を評価した金額との相続税の差額を猶予するもので、一般的には相当多額の相続税が猶予されます。一方、原則として永年で農業を継続しなければならないといったような条件もあります。実情としては、配偶者が農業を継続するような場合は、この特例を適用する場合が多く、お子様が農業を継続するような場合は、相続税との見合いでケースバイケースのようです。

$$\begin{array}{c}\text{通常評価に}\\\text{よる相続税}\end{array} - \begin{array}{c}\text{農業投資価格}\\\text{による相続税}\end{array} = \begin{array}{c}\text{猶予され}\\\text{る相続税}\end{array}$$

【東京都の場合の農業投資価格】

（10アール当たり）

地目 都道府県名	田	畑	採草放牧地
東京都	千円 900	千円 840	千円 510

（注）　地域によって差があります。

相続が実際に起きたときの対応

76 相続発生から申告納税までのタイムスケジュール

Q 　実際に相続が起きてから、相続税の申告、納税までどのようなことが必要なのか、その概略を教えてください。

A 　相続発生から相続税の申告、納税までの手続きの概略は次のフローチャートのとおりです。

　期限が決まっているものも多くありますので遅れないように注意しましょう。

タイムスケジュール

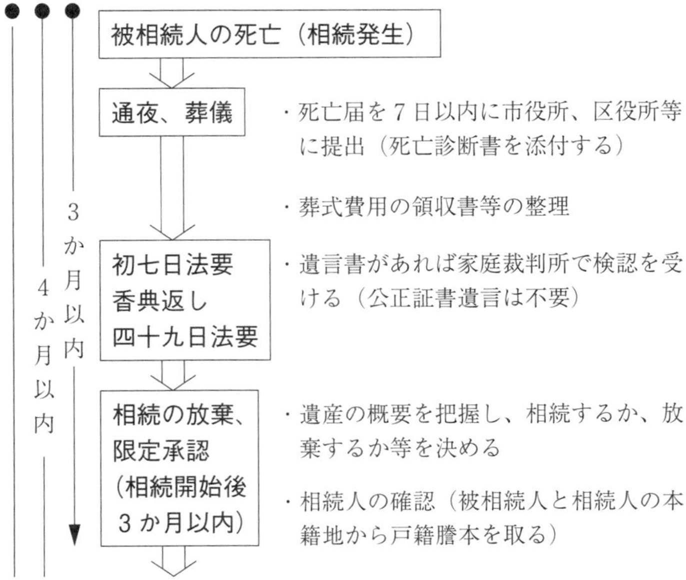

被相続人の死亡（相続発生）	
通夜、葬儀	・死亡届を7日以内に市役所、区役所等に提出（死亡診断書を添付する） ・葬式費用の領収書等の整理
初七日法要 **香典返し** **四十九日法要**	・遺言書があれば家庭裁判所で検認を受ける（公正証書遺言は不要）
相続の放棄、 **限定承認** **（相続開始後** **3か月以内）**	・遺産の概要を把握し、相続するか、放棄するか等を決める ・相続人の確認（被相続人と相続人の本籍地から戸籍謄本を取る）

（左側に「3か月以内」「4か月以内」の縦の矢印あり）

| 所得税の申告と納付（準確定申告） | ・亡くなった年の1月1日から死亡日までの所得の申告（サラリーマンで会社で年末調整する場合は不要） |

10か月以内

| 遺産や債務を確定し評価をする | ・遺言が相続人の遺留分を侵害しているときは遺留分の侵害額請求ができる（1年以内） |

| 遺産分割協議 | ・遺言書のとおりに相続する場合は遺産の名義変更手続きに移る |

| 遺産分割協議書の作成 | ・相続人に未成年者がいる場合は家庭裁判所に特別代理人の申請をする |

| 相続税の計算申告書の作成 | ・遺産分割が終わらないときは法定相続分で相続したものとして申告する |

・遺産分割が終わらないときは配偶者の税額軽減や小規模宅地の特例は受けられないので注意（3年以内に分割が確定した場合は特例が受けられる）

| 納税資金の準備等 | ・納税資金の準備、延納や物納をすることの検討 |

| 相続税の申告と納付 | ・被相続人の死亡した時の住所地の税務署に申告、納税する
・延納や物納の申請をする場合は申告と同時に行う |

77 相続人が遺産を取得する手続きはどうするの？

Q 相続後、遺産の名義を相続人に変えることになりますが、具体的にはどのように手続きをすればいいのでしょうか。また、どのような書類が必要になってくるのでしょうか。

A 遺産の分割協議が終わると財産の取得の手続きに入ります。手続きと必要書類は次のとおりです。

期限は特に決まっていませんがなるべく早い方がいいでしょう。

なぜかというと、財産の名義変更をしないうちに相続人が死亡してしまうようなケースがあり、そうなると手続きがより繁雑になってしまうからです。

（注） 登記の期限については、P310を参照ください。

◆財産の種類と手続先、必要書類

財産の種類	手続先	必要書類
不動産 （土地、建物）	地方法務局 （登記所）	所有権移転登記申請書、戸籍謄本（相続人）、除籍謄本（被相続人）、住民票（相続人）、固定資産評価証明書、相続人全員の印鑑証明書、遺産分割協議書（注）
預貯金	預貯金先	依頼書（銀行等にある）、戸籍謄本（相続人）、除籍謄本（被相続人）、通帳、相続人全員の印鑑証明書、遺産分割協議書（注）
株　式	証券会社、株式の発行会社	株式名義書換請求書、戸籍謄本（相続人）、除籍謄本（被相続人）、遺産分割協議書（注）
電話加入権	電話会社	電話加入承継申込書、戸籍謄本（相続人）、除籍謄本（被相続人）
自動車	陸運事務所	移転登録申請書、自動車車検証、戸籍謄本（相続人）、除籍謄本（被相続人）、自動車損害賠償責任保険証明書
生命保険金	生命保険会社	生命保険証券、生命保険金請求書、最終の保険料領収書、戸籍謄本（相続人）、除籍謄本（被相続人）、死亡診断書、受取人の印鑑証明書

（注）　遺言書がある場合は遺言書

一口情報　相続税の申告が期限に間に合わなかった場合のペナルティ

相続税の申告が期限内にできなかった場合、加算税と延滞税が相続税の他に余分にかかります。

◎加算税……相続税の15％または５％

◎延滞税……年利で相続税の8.8％（申告期限から２か月以内は2.5％）（注）

期限内には必ず申告し、納税しましょう。遺産の分割協議がまとまらないときは法定相続分でとりあえず申告してください。

納税がすぐできない場合は、延納、物納の手続きも併せて行ってください。

（注）令和３年のものです。現在特例がおかれており、年によって変わりますので注意してください。原則としては14.6％（申告期限から２か月以内は7.3％）です。

ペナルティ
3ヶ月
4ヶ月
10ヶ月
発生
放棄・限定承認
所得税申告
相続税申告

相続税の計算の仕組み

78 相続税の計算の流れはどうなっているの？

Q 相続税の計算の手順を説明してください。

A 相続税の計算ははじめに課税価格の計算をし、相続税の総額の計算を経て、最終的に各人の納付税額の計算をする3段階があります。

課税価格の計算

　各相続人が相続した財産の合計額（生命保険金、死亡退職金を含む）

(−)被相続人の債務（借入金等）、葬式費用、非課税財産

(+)3年以内の贈与財産

　課税価格の合計額

相続税の総額の計算

　課税価格の合計額

(−)基礎控除額（3,000万円＋600万円×法定相続人の数）

　課税遺産総額

　　⇩

課税遺　×　各相続人の　×税率＝**各人の仮の相続税額**
産総額　　法定相続分

　　⇩

各人の仮の相続税額の合計＝**相続税の総額**

各人の納付税額の計算

$$相続税_{の総額} \times \frac{各人が実際に相続した課税価格}{課税価格の合計額} = 各相続人の_{納付税額}$$

＊　配偶者には税額軽減の特例があり 1 億 6,000 万円以下もしくは法定相続分までの相続であれば相続税はかかりません。

　それでは、実際に事例で相続税の計算の流れを見てみましょう。

〔事例〕

　被相続人の財産： 3 億 2,500 万円（うち生命保険金 2,500 万円あり…受取人妻）

　被相続人の債務等：2,000 万円（妻が負担）

　相続前 3 年以内の贈与：なし

　相続人：妻、長男、長女の計 3 人

　各相続人の相続財産の額(保険金を除く)：相続人各人 1 億円

◆**課税価格の計算**

　　　　　　　　　　　（債務等）　　（生命保険金の非課税額）

　3 億 2,500 万円 − 2,000 万円 −　　　1,500 万円

　＝ 2 億 9,000 万円 …………………………課税価格の合計額

＊　生命保険金の非課税額：500 万円× 3 人(法定相続人の数)

◆相続税総額の計算

2億9,000万円－4,800万円（基礎控除額：3,000万円＋600万円×3人）＝2億4,200万円……課税遺産総額

$$\Downarrow$$

○妻の法定相続分の税額（法定相続分に税率を掛ける）

2億4,200万円×1/2＝1億2,100万円

1億2,100万円×40％－1,700万円＝3,140万円

○子供1人分の法定相続分の税額（法定相続分に税率を掛ける）

2億4,200万円×1/2×1/2＝6,050万円

6,050万円×30％－700万円＝1,115万円

相続税の総額＝3,140万円＋1,115万円×2人＝5,370万円

$$\Downarrow$$

◆各人の納付税額の計算

妻 …………5,370万円 × $\dfrac{9,000万円（注1）}{2億9,000万円}$ ＝1,666.6万円（注2）

子供
（長男）……5,370万円 × $\dfrac{1億円}{2億9,000万円}$ ＝1,851.7万円

子供
（長女）……5,370万円 × $\dfrac{1億円}{2億9,000万円}$ ＝1,851.7万円

（注）1　1億円＋2,500万円（生命保険金）－1,500万円（生命保険金の非課税額）－2,000万円（債務等）

　　　2　妻については、配偶者の税額軽減の特例があるため実際には相続税はかかりません。詳しくはQ81を参照してください。

(参考)　〔**相続税の速算表**〕

各相続人の法定相続分に応ずる取得金額	税　率	控　除　額
0円〜 1,000万円以下	10%	0 円
1,000万円超〜 3,000万円以下	15%	50万円
3,000万円超〜 5,000万円以下	20%	200万円
5,000万円超〜 1 億円以下	30%	700万円
1 億円超〜 2 億円以下	40%	1,700万円
2 億円超〜 3 億円以下	45%	2,700万円
3 億円超〜 6 億円以下	50%	4,200万円
6 億円超	55%	7,200万円

79 借金は相続税の計算をするときどうするの？

Q 　父が死亡し、財産もありますが同時にかなり
の借金もあり相続税を支払える状態ではありま
せん。
　このような場合、どうなるのでしょうか。

A 　ご安心ください。Q78でも説明しましたように借
金は債務として相続財産から差し引くことができま
す。
　相続の場合、被相続人（亡くなった人）が借金の返済の
途中で死亡すると、相続人が相続放棄等をしない限りはそ
の借金も自動的に引き継がれることになります。
　相続税はあくまで正味財産にかかるものですから、これ
らの債務は相続財産から差し引かれることになります。

借金は相続財産から差し引く
⇩

相続税は正味財産に課税される

相続財産から控除できる債務は次のようなものです。

控除できる債務の例

① 銀行等からの借入金

② 個人間の借入金（借入れの事実を証明できるものが必要）

③ 住宅ローン等

④ 事業上の買掛金、未払金

⑤ 被相続人の未納の所得税（準確定申告分も含む）

⑥ 固定資産税、住民税等で未払のもの

⑦ 被相続人の医療費で死亡時に未払いのもの

80 葬式費用は相続税の計算をするときどうするの？

Q 父は生前、交際範囲が広かったこともあり、葬儀の費用もかなりの額になりました。このような費用は相続税の申告をするときどのように扱われるのでしょうか。

A 葬式費用はＱ78でもご説明しましたとおり相続財産から差し引くことができます。

葬式費用は本来は被相続人の債務ではありませんが、葬儀を行うのには出費が伴いますので、債務と同様に相続財産から差し引くことができるようになっています。

葬式費用の範囲

葬式に際し通常かかる埋葬、火葬、納骨等の費用（仮葬式と本葬式とを行うものは両方の費用）、お布施、読経料等は葬式費用に入ります。

ただし、次のような費用は葬式費用に入りませんので注意してください。

◆葬式費用に入らないもの

① 香典返しの費用

② 墓碑、墓地の買入費、墓地の借入料

③ 法事に要する費用（初七日、四十九日等）

なお、お布施等で領収書がない場合でも、支払先が明ら

かであれば葬式費用として問題ありません。

一口情報 **香典は課税される？**

　葬儀に来られた方から受けとった香典は相続財産には含まれませんので、課税されません。

　なお、香典が相続財産に入らないことから、香典返しの費用は葬式費用とはなりません。

81 配偶者は法定相続分か1億6,000万円までの相続なら無税

Q 配偶者には相続のときにも恩典があると聞きましたがどのような内容なのでしょうか。

A 相続をした各人の相続税の計算をするとき配偶者には「配偶者の税額軽減」という特例があります。

これは、配偶者が受け取った財産の額が、法定相続分以下であればいくらでも（10億円でも100億円でも）税金がかからないというものです。

また、法定相続分以上でも1億6,000万円までは税金がかかりません。

$$\boxed{\text{配偶者の相続財産} \leqq \boxed{\begin{array}{c}\text{相続財産全体×}\\\text{配偶者の法定相続分}\end{array}}$$

⇩

相続税は無税
※仮に法定相続分以上であっても1億6,000万円
までなら無税

計算式は、次のとおりです。

$$\begin{array}{l}\text{配偶者の税}\\\text{額軽減額}\end{array} = \begin{array}{l}\text{相続税の}\\\text{総額}\end{array} \times \dfrac{①と②の少ない方の額}{課税価格の合計額（注）}$$

① 課税価格のうち配偶者の法定相続分 $\left(\begin{array}{l}1億6,000万円に満たないと\\きは1億6,000万円\end{array}\right)$

② 配偶者の相続する課税価格

(注) 各人の受け取る財産から債務を差し引いたもの（課税価格）の各人の合計額

　上記で計算された配偶者の税額軽減額を、配偶者の相続税額から差し引くことができます。

82 未成年者や障害者には税額控除がある

Q 　未成年者や障害者にも配偶者と同じように相続税から差し引ける金額があるそうですが、いくらなのでしょうか。

A 　未成年者（注）、障害者については各人の相続税額を算定した後に、下記の計算式で計算した未成年者控除額、障害者控除額を相続税額から控除します。

（注）　令和4年3月31日までは20歳未満、令和4年4月1日以降は18歳未満となります。以下についても時期に応じて18歳を20歳に読み替えてください。

> **未成年者控除額**
> **＝（18歳－相続開始時の年齢）×10万円**

　相続人の中に未成年者がいる場合にはその人が18歳に達するまでの年数につき10万円がその未成年者の相続税額から控除されます。

　例えば10歳9か月なら18歳まで7年3か月あります。端数は切り上げますので（障害者控除額の計算も同じ）8年となります。

　そうすると、8年×10万円＝80万円の税額控除ができることになります。

> 障害者控除額
> ＝（85歳－相続開始時の年齢）×10万円
> 〔特別障害者の場合は×20万円〕

　相続人のなかに障害者がいる場合にはその人が85歳に達するまでの年数につき10万円がその障害者の相続税額から控除されます。

　また、特別障害者の場合、85歳に達するまで1年につき20万円の控除が認められています。

10年以内に2度相続があった場合の相続税
の控除

　例えば、父親が亡くなったあとそれほど間をおかずに母
親が亡くなるというように相続が続くケースもあります。
　相続で父親から財産を取得した母親が10年以内に亡くな
った場合には「相次相続控除」といって、最初の父親から
の相続で取得した財産にかかった母親の相続税の一部を母
親の相続人（子供ら）の相続税から差し引くことができま
す。

資産の評価のしかた

83 宅地の評価には路線価方式と倍率方式がある

Q 宅地の評価方式には2つあると聞きましたが、どのようなものなのでしょうか。教えてください。

A 宅地の評価方式には**路線価方式**と**倍率方式**があります。路線価方式は路線（道路）に付いた価額を基に計算する方式で路線ごとに地価に差のある市街地等の評価に適しています。倍率方式は固定資産税評価額に一定の倍率を掛けて評価する方法で地価の較差の少ない郊外宅地等の評価に適しています。

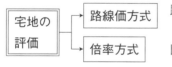

宅地の評価	路線価方式	路線価（土地の奥行き等で補正します）×面積
	倍率方式	固定資産税評価額×倍率

* 路線価及び倍率は国税庁のホームページや最寄りの税務署で閲覧できます。固定資産税評価額は市町村役場（東京都内は都税事務所）で固定資産税評価証明書を取ることで確認できます。

それでは、具体的に路線価方式による土地の評価の仕方を見ていきましょう。路線価方式では宅地の面する路線の価額を基に奥行きの距離や間口の距離等により調整し評価します。

路線価方式による土地評価のしかた

◈自用地（自分で利用している土地）のケース

普通住宅地区

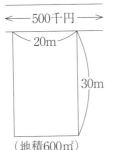

正面路線価：500,000円

奥行き（30m）の価格補正率：0.95

評価額：500,000円×0.95×600㎡

＝2億8,500万円

※奥行きに対応する価格補正率について
は、256ページを参照してください。

◈角地にある自用地のケース

普通住宅地区

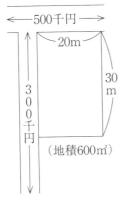

正面路線価（高い方）：500,000円

奥行き（30m）の価格補正率：0.95

側方路線価：300,000円

奥行き（20m）の価格補正率：1.00

側方路線影響加算率：0.03

評価額：500,000円×0.95＋（300,000円×
1.00×0.03）＝484,000円

484,000円×600㎡＝2億9,040万円

角地のため評価単価がアップ

※奥行きに対応する価格補正率、側方路
線影響加算率については、256ページ
以下を参照してください。

◈借地権を所有しているケース

普通住宅地区

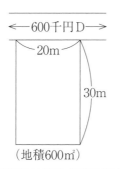

←600千円D→

20m

30m

（地積600㎡）

土地を貸している人の
土地（底地権）は借地権
割合60%を差し引いた
40%で評価することに
なります。
◎600,000×0.95×600㎡
×40%＝1億3,680万円

正面路線価：600,000円
奥行き（30m）の価格補正率：0.95
借地権割合：60%……

　　　　路線価の次の英字のD
　　　は借地権割合60%を意味
　　　します。

借地権割合：A90%、B80%、C70%、
　　　　　　D60%、E50%、F40%、
　　　　　　G30%

評価額：600,000円×0.95×600㎡×60%
　　　　＝**2億520万円**

※奥行きに対応する価格補正率について
　は、256ページを参照してください。

◈貸家建付地（貸しビル敷地等）のケース

普通住宅地区

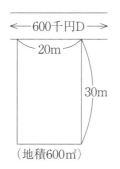

←600千円D→

20m

30m

（地積600㎡）

正面路線価：600,000円
奥行き（30m）の価格補正率：0.95
借地権割合：60%
借家権割合：30%

借家権割合：30%

評価額：600,000円×0.95×（1 −<u>60％×30％</u>）＝467,400円

借家人の権利を考慮して減額

467,400円×600㎡＝**2億8,044万円**

＊奥行きに対応する価格補正率については、256ページを参照してください。

> 土地の評価は奥行き、間口、角地か否か等の形状や状況を考慮し調整して行います

◈土地及び土地の上に存する権利の評価についての調整率表

1. 奥行価格補正率表

奥行距離(メートル) ＼ 地区区分	ビル街地区	高度商業地区	繁華街地区	普通商業・併用住宅地区	普通住宅地区	中小工場地区	大工場地区
4 未満	0.80	0.90	0.90	0.90	0.90	0.85	0.85
4 以上 6 未満		0.92	0.92	0.92	0.92	0.90	0.90
6 〃 8 〃	0.84	0.94	0.95	0.95	0.95	0.93	0.93
8 〃 10 〃	0.88	0.96	0.97	0.97	0.97	0.95	0.95
10 〃 12 〃	0.90	0.98	0.99	0.99	1.00	0.96	0.96
12 〃 14 〃	0.91	0.99	1.00	1.00		0.97	0.97
14 〃 16 〃	0.92	1.00				0.98	0.98
16 〃 20 〃	0.93					0.99	0.99
20 〃 24 〃	0.94					1.00	1.00
24 〃 28 〃	0.95				0.97		
28 〃 32 〃	0.96		0.98		0.95		
32 〃 36 〃	0.97		0.96	0.97	0.93		
36 〃 40 〃	0.98		0.94	0.95	0.92		
40 〃 44 〃	0.99		0.92	0.93	0.91		
44 〃 48 〃	1.00		0.90	0.91	0.90		
48 〃 52 〃		0.99	0.88	0.89	0.89		
52 〃 56 〃		0.98	0.87	0.88	0.88		
56 〃 60 〃		0.97	0.86	0.87	0.87		
60 〃 64 〃		0.96	0.85	0.86	0.86	0.99	
64 〃 68 〃		0.95	0.84	0.85	0.85	0.98	
68 〃 72 〃		0.94	0.83	0.84	0.84	0.97	
72 〃 76 〃		0.93	0.82	0.83	0.83	0.96	
76 〃 80 〃		0.92	0.81	0.82			
80 〃 84 〃		0.90	0.80	0.81	0.82	0.93	
84 〃 88 〃		0.88		0.80			
88 〃 92 〃		0.86			0.81	0.90	
92 〃 96 〃	0.99	0.84					
96 〃 100 〃	0.97	0.82					
100 〃	0.95	0.80			0.80		

2. 側方路線影響加算率表

地 区 区 分	加 算 率	
	角地の場合	準角地の場合
ビ ル 街 地 区	0.07	0.03
高 度 商 業 地 区 繁 華 街 地 区	0.10	0.05
普通商業・併用住宅地区	0.08	0.04
普 通 住 宅 地 区 中 小 工 場 地 区	0.03	0.02
大 工 場 地 区	0.02	0.01

3. 二方路線影響加算率表

地 区 区 分	加算率
ビ ル 街 地 区	0.03
高 度 商 業 地 区 繁 華 街 地 区	0.07
普通商業・併用住宅地区	0.05
普 通 住 宅 地 区 中 小 工 場 地 区	0.02
大 工 場 地 区	0.02

(注) 準角地とは、次図のように一系統の路線の屈
折部の内側に位置するものをいう。

4. 間口狭小補正率表

間口距離 （メートル）	ビル街 地　区	高度商業 地　区	繁 華 街 地　　　区	普通商業・ 併用住宅 地　　区	普通住宅 地　区	中小工場 地　区	大 工 場 地　区
4 未満	－	0.85	0.90	0.90	0.90	0.80	0.80
4 以上 6 未満	－	0.94	1.00	0.97	0.94	0.85	0.85
6 〃 8 〃	－	0.97		1.00	0.97	0.90	0.90
8 〃 10 〃	0.95	1.00			1.00	0.95	0.95
10 〃 16 〃	0.97					1.00	0.97
16 〃 22 〃	0.98						0.98
22 〃 28 〃	0.99						0.99
28 〃	1.00						1.00

5. 奥行長大補正率表

奥行距離 間口距離	ビル街地区	高度商業地区 繁華街地区 普通商業・ 併用住宅地区	普通住宅 地　　　区	中小工場 地　　　区	大工場 地　区
2以上 3未満	1.00	1.00	0.98	1.00	1.00
3 〃 4 〃		0.99	0.96	0.99	
4 〃 5 〃		0.98	0.94	0.98	
5 〃 6 〃		0.96	0.92	0.96	
6 〃 7 〃		0.94	0.90	0.94	
7 〃 8 〃		0.92		0.92	
8 〃		0.90		0.90	

6. がけ地補正率表

がけ地の方位 がけ地地積 総 地 積	南	東	西	北
0.10以上	0.96	0.95	0.94	0.93
0.20 〃	0.92	0.91	0.90	0.88
0.30 〃	0.88	0.87	0.86	0.83
0.40 〃	0.85	0.84	0.82	0.78
0.50 〃	0.82	0.81	0.78	0.73
0.60 〃	0.79	0.77	0.74	0.68
0.70 〃	0.76	0.74	0.70	0.63
0.80 〃	0.73	0.70	0.66	0.58
0.90 〃	0.70	0.65	0.60	0.53

路線価図の見方

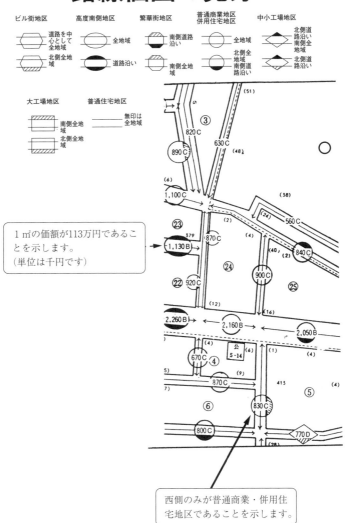

ビル街地区	高度商業地区	繁華街地区	普通商業地区 併用住宅地区	中小工場地区

ビル街地区
道路を中心として全地域
北側全地域

高度商業地区
全地域
道路沿い

繁華街地区
南側道路沿い
南側全地域

普通商業地区・併用住宅地区
全地域
北側全地域南側道路沿い

中小工場地区
北側道路沿い南側全地域
北側道路沿い

大工場地区
南側全地域
北側全地域

普通住宅地区
無印は全地域

1㎡の価額が113万円であることを示します。
（単位は千円です）

西側のみが普通商業・併用住宅地区であることを示します。

258

※これは見本です。

記号	借地権割合	記号	借地権割合
A	90%	E	50%
B	80%	F	40%
C	70%	G	30%
D	60%		

借地権割合が70％であることを示します（記号Ｃの意味）

路線価に表示がないのは、普通住宅地区であることを示します。

住居表示の街区番号を示します。

地番を示します。

道路沿いのみが普通商業・併用住宅地区であることを示します。

住居表示の戸番を示します。

北側全域と南側道路沿いが普通商業・併用住宅地区であることを示します。

84 証券市場に上場されている株式の評価

 Q 　上場されている株式の評価は具体的にどうすればよいのでしょうか。

A 　上場されている株式の評価は、基本的には被相続人が亡くなった日（相続開始日）の価格になりますが、株価は常に動いていますので評価に安全性を加味して、次の①から④までの金額のうち一番低い金額で評価します。

① 　課税時期（相続開始日）の終値
② 　課税時期の属する月の毎日の終値の平均額
③ 　課税時期の属する月の前月の毎日の終値の平均額
④ 　課税時期の属する月の前々月の毎日の終値の平均額

（注）　上場株式の終値の月平均額は、日本証券新聞等に掲載されます。
　　　　なお、取引されている証券会社に問い合わせてもよいと思います。

〔例〕
被相続人がA電気の株式を1,000株所有
課税時期（相続開始日）令和4年4月30日
課税時期の終値　1,250円
令和4年4月の毎日の終値の平均額　1,220円

令和 4 年 3 月の毎日の終値の平均額　1,270円

令和 4 年 2 月の毎日の終値の平均額　1,260円

　一番低いものは令和 4 年 4 月の毎日の終値の平均額になりますので、A電気の評価額は次のとおりです。

　評価額＝1,220円×1,000株＝122万円

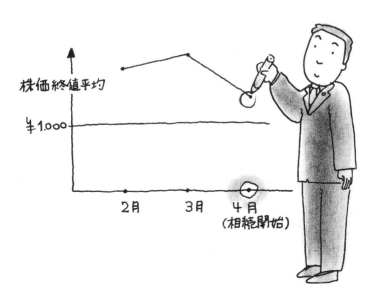

85 上場していない株式の評価はどうするの？

Q 私は、自分が社長をしている会社の全株式の6割を所有しており、妻と合わせると8割を超えます。

このような株式の相続の時の価格は、上場されていないのでわかりません。

どう評価したらよいのでしょうか。

A 非上場株式の評価はかなり複雑です。ここでは全体のアウトラインを見ていきましょう。

正確に評価される場合には、やはり専門家に依頼された方がよいでしょう。

非上場株式の評価は細かく規定されていますが、基本的には**株主の地位**と**会社の規模**の2つのポイントがあります。

株主の地位による評価の違い

株主が社長や社長の親族の場合、一般に持ち株数も多く、当然会社に対する支配権も大きいわけですから、その他の株主に比べて株式の評価は高くなります（原則的評価方式といいます）。

一方、その他の株主は会社に対する支配権がないため、もっぱら配当金を受け取ることの期待のみとなりますので株式の評価は低めになります（配当還元方式といいます）。

会社の規模による評価の違い

　会社に対して支配権を持つ株主の株式を原則的評価方式で評価する場合に、会社によっては非上場でも上場会社に近いものから個人商店に近いものまでさまざまなものがあります。

　そこで、上場会社に近いものについては会社の配当金額、利益金額、純資産価額を同業種の上場会社の平均と比較して上場会社に準じて評価します（類似業種比準方式といいます）。

　一方、個人商店に近いものについては会社の純資産（資産−負債）価額を基に評価します（純資産価額方式といいます）。なお、上場会社と個人商店の中間にあるような会社は、類似業種比準方式と純資産価額方式を併用して評価します（併用方式といいます）。

株式評価の概要

　（注）　会社規模大は大会社、同じく中は中会社、小は小会社といいます。中会社はその規模に応じてさらに３つの評価方法に分かれます。

　小会社は原則として純資産価額方式で評価しますが、類

似業種比準方式と50％ずつ併用しても評価できます。

なお、類似業種の株価は税務署でも調べられます。

ここでは、最も基本的な（最も高い）純資産価額方式と通常最も価額が低い配当還元方式について説明します。

◆**純資産価額方式**

$$\boxed{\begin{array}{c}1\text{株の}\\\text{評価額}\end{array}} = \frac{\begin{array}{c}\text{会社資産合計額}\\\text{（相続税評価額）}\end{array} - \text{負債} - \begin{array}{c}※\text{評価差額に対}\\\text{する法人税等相当額}\end{array}}{\text{会社の発行済株式数}}$$

$$\begin{array}{c}※\text{評価差額に対す}\\\text{る法人税等相当}\\\text{額}\end{array} \Rightarrow \left(\begin{array}{c}\text{相続税評価額に}\\\text{よる純資産額}\end{array} - \begin{array}{c}\text{会社の帳簿価額}\\\text{による純資産額}\end{array}\right) \times 37\%$$

$$\qquad\qquad\qquad\quad \text{資産－負債}\qquad\qquad \text{資産－負債}$$

〔例〕

会社資産合計額 1 億円（帳簿価額）

会社負債合計額3,000万円（帳簿価額）

会社資産合計額 1 億5,000万円（相続税評価額）◀- - -

会社負債合計額3,000万円（相続税評価額）

発行株式数10,000株

┗-帳簿価額との差は土地を相続税評価額で評
　価したことによって含み益が出たため等

$$\begin{array}{c}1\text{株}\\\text{の評}\\\text{価額}\end{array} = \frac{1\text{億5,000万円}-3\text{,000万円}-\overset{※}{1\text{,850万円}}}{10\text{,000株}} = \boxed{10,150\text{円}}$$

$$※\begin{array}{c}\text{評価差額に対}\\\text{する法人税等}\\\text{相当額}\end{array} = (1\text{億2,000万円}-7\text{,000万円}) \times 37\% = 1\text{,850万円}$$

◈配当還元方式

$$\boxed{\begin{array}{c}1\ 株の \\ 評価額\end{array}} = \frac{株式の年配当金額}{10\%} \times \frac{資本金等の額}{50円 \times 発行株式数}$$

（注）1　株式の年配当金額は、直前期末以前 2 年間の平均配当金額を50円換算の株式数（資本金等の額÷50円）で割って算定します。

　　　2　年配当金額が 2 円50銭未満の場合には、 2 円50銭とします。

〔例〕

資本金等の額5,000万円

発行株式数100,000株

過去 2 年間の年平均配当金額1,000万円

株式の年配当金額は10円⇐1,000万円÷5,000万円/50円

$$\begin{array}{c}1\ 株の \\ 評価額\end{array} = \frac{10円}{10\%} \times \frac{5,000万円}{50円 \times 100,000株} = \boxed{1,000円}$$

└50円換算の株式数

> 純資産価額方式で計算した価額が最高限度ですから、純資産価額方式で試算しておけば安心です

86 上場会社の株価が下がると上場していない 会社の株価も下がる？

Q 　前問で、株式評価の方法の中で、純資産価額方式と配当還元方式について教えていただきましたが、上場会社の同業種の株価を基に計算する方法もあると聞きました。ある証券会社の方が、「この株価の計算方法だと、上場株式の価格が下がるとそれにつれて、上場していない株式の価格も下がることが多い」と話していました。

　これは、どのような理由からなのでしょうか。

A 　非上場株式の評価を行う場合、会社の規模に応じて株価の評価方法は変わりますが、多くの場合、前問でご紹介した純資産価額方式と、ご質問にありました方式（類似業種比準方式といいます）の折衷方式で評価されます。例えば、次のような計算になります。

○純資産価額方式………1,000円／1株

○類似業種比準方式………500円／1株

　株価＝1,000円×50％＋500円×50％＝750円

（注）　価格に掛ける割合は評価対象会社の規模に応じて変わります。

　類似業種比準価額方式による評価方法は下記のとおりです。

◆**類似業種比準価額評価方法**

$$
\boxed{\begin{array}{c} 1\,\text{株の} \\ \text{評価額} \end{array}} = A \times \frac{\left(\dfrac{\text{\textcircled{B}}}{B} + \dfrac{\text{\textcircled{C}}}{C} + \dfrac{\text{\textcircled{D}}}{D} \right)}{3} \times (0.7,\ 0.6,\ 0.5)
$$

大会社	0.7
中会社	0.6
小会社	0.5

A…類似業種の株価

B…類似業種1株当たりの配当金額

C…類似業種1株当たりの年利益金額

D…類似業種1株当たりの純資産価額（帳簿価額）

⒝…評価会社の1株当たりの配当金額

⒞…評価会社の1株当たりの年利益金額

⒟…評価会社の1株当たりの純資産価額（帳簿価額）

　上記で、B、C、D及び⒝、⒞、⒟が固定と考えると、株価はAに影響されます。仮にAが低下すれば、評価対象となる株価も低下することとなります。

◆**参考**

　証券市場が低迷している状況の場合、非上場株式の類似業種比準価額はかなり低くなっている場合があります。そういったときに贈与等を行うと思った以上の効果が発揮されます。

87 ゴルフ会員権の評価は時価の70％

私はゴルフが好きで、そのため今5つのゴルフ場の会員権を持っています。

バブルの頃に比べるとかなり安くなりましたが、なかにはまだ高いものもあります。

このような会員権の相続の時の評価は、どのようにするのでしょうか。

A ゴルフ会員権の評価方法は、会員権の形態によって変わりますが、取引相場のあるものは基本的には相続が起きた時の取引価格（時価）の70％です。

会員権の具体的な評価方法は、右図のとおりです。

会員権の形態は、大きく分けると株式形態のものと預託金形態のものとに分かれます。

なお、預託金等は、相続が起きた日に返還が受けられる金額のことです。仮に預託金等がすぐに返還にならない場合には相続が起きた日から返還される日まで基準年率（令和3年・0.1％）％の複利現価の額で評価します（つまり、返還までの日数が長いほど評価は下がります）。

◈ゴルフ会員権の相場

インターネットで調べたり会員権業者に聞いたりしても結構ですし、会員権によっては税務署で確認することもできます。

ゴルフ会員権の評価方法

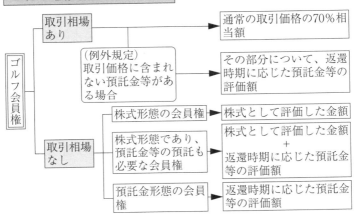

◆**評価しないゴルフ会員権**

　株式の所有を必要とせず、かつ、譲渡できないゴルフ会
員権で、返還を受けることができる預託金等のないもの
（ゴルフ場施設を利用して、単にプレーができるだけのも
の）については評価する必要はありません。

─────── ゴルフ会員権の節税効果 ───────

　ゴルフ会員権は相場の上がり下がりはありますが、その
評価方法からも分かるように、取引価格の70％となります。
　つまり、仮に現金1,000万円を持っていれば、100％課税
されますが、取引価格1,000万円のゴルフ会員権である場
合には70％の700万円が課税対象になるわけです。

88 当座、普通預金の利息は相続税の計算に入れなくていい

Q 私の財産には土地や家屋の他に預金もあります。預金の種類は当座、普通、定期等です。

これらの預金の相続税の評価は、どうなるのでしょうか。

A 銀行預金や郵便貯金のうち普通預金、通常貯金の評価は利息が少額と考えられる場合には、預貯金残高そのものになります。

それに対し、定期預金、定期貯金、定額貯金は、相続が起きた時点で解約した場合の利息（既経過利息）を加えるところに違いがあります。この場合、加える既経過利息はそれに対する源泉徴収税額（20％）を差し引いたものになります。

普通預金 当座預金 通常貯金等	⇨	**相続発生時の預貯金残高**

$$
\begin{array}{ccc}
\boxed{\begin{array}{c}定期預金\\定期貯金\\定額貯金\end{array}} & \Rightarrow & \begin{array}{l}\textbf{相続発生時の}\\\textbf{預貯金残高}\end{array} + \left(\begin{array}{l}\textbf{相続発生時に解約し}\\\textbf{た場合の既経過利息}\\ -\begin{array}{l}\textbf{既経過利息に対す}\\\textbf{る源泉徴収税額}\end{array}\end{array}\right)
\end{array}
$$

270

その他の金融資産の評価

① **利付公社債**………相続発生時の最終価格(注) ＋（相続発生時までの既経過利息

　<u>公社債が上場されている証券取引所が公表</u>

　－ 既経過利息に対する源泉徴収税額）

② **貸付信託受益証券**……元本の額 ＋（相続発生時までの既経過収益の額

　－ 既経過収益に対する源泉徴収税額）－ 売却手数料

③ **証券投資信託受益証券**………相続時に解約請求又は買取請求を行った場合に証券会社等から支払いを受けることができる価額

＊①と③は証券会社に、②は信託銀行に問い合わせて確認できます。

一口情報　駐車場の敷地の評価

　自分が所有する土地に駐車場設備（アスファルト舗装、パーキングタワー等）を作って駐車場経営をしているような場合は、その土地の評価は更地評価（100％評価）となります。

　一方、所有する賃貸アパート等の敷地内にある駐車場をアパートの住人専用の駐車場としているような場合、その駐車場も含めて貸家建付地として減額ができ有利です。

※貸家建付
　地の評価 ＝ 更地価額×（1－借地権割合×借家権割合）

　詳しくはQ52を参照してください。

　なお、所有する土地を例えば、自分が主宰する会社に貸付け、その会社が駐車場経営をしているような場合は、貸地となりますので、土地の評価額は最低でも2.5％の減額が可能となります。

遺産の分割のしかた

89 遺産分割のフローチャート

Q 　遺産の相続は、遺言書がありそれに基づいて行う場合と相続人が話し合いをして決める場合とがあるそうですが、その手続きの一連の流れを教えてください。

A 　遺産の相続は被相続人（亡くなった方）の遺言書がありそれに基づいて行う場合と、相続人が話し合い（遺産分割協議といいます）をして誰がどの財産を相続するかを決める場合とがあります。

　また、遺言書に記載のなかった財産については、遺産分割協議をして決めます。

　なお、遺言書があっても相続人全員の同意があれば遺言書と違った遺産の分割も可能です。

　それでは、手続きの流れを遺言書がある場合と遺産分割協議をする場合とに分けてフローチャートで示してみましょう。

◈遺言書がある場合

被相続人の死亡

↓

遺言書の発見

↓　　・遺言書は法律で一定の方式が決まっており、これに合わないと無効になる

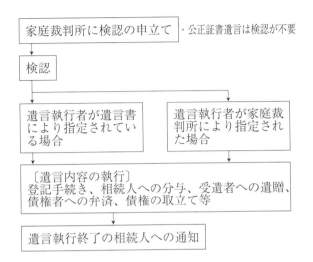

家庭裁判所に検認の申立て ・公正証書遺言は検認が不要

検認

遺言執行者が遺言書により指定されている場合

遺言執行者が家庭裁判所により指定された場合

〔遺言内容の執行〕
登記手続き、相続人への分与、受遺者への遺贈、債権者への弁済、債権の取立て等

遺言執行終了の相続人への通知

◈遺産分割協議をする場合

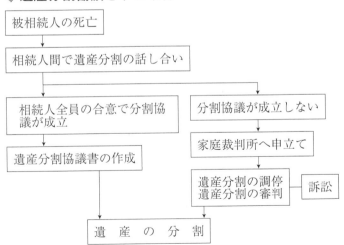

被相続人の死亡

相続人間で遺産分割の話し合い

相続人全員の合意で分割協議が成立

分割協議が成立しない

遺産分割協議書の作成

家庭裁判所へ申立て

遺産分割の調停
遺産分割の審判

訴訟

遺 産 の 分 割

90 相続財産より債務が多いかもしれないときはどうするの？

Q 相続財産もありますが、それと同時に借金も多く、財産と借金のどちらが多いか分からないような場合にはどうすればよいでしょうか。

A 相続財産より債務が多いかもしれないときは、相続放棄、相続の限定承認の方法があります。

　相続が起きた場合、相続人は単純承認、限定承認、相続放棄の3とおりの意思表示ができます。以下それぞれの内容についてみていきましょう。

　単純承認………相続人が単純承認したときには、無限に被相続人の権利義務を承継することになります。ですから、相続財産より債務が大きいときは、相続人は自分の財産で債務を弁済することになります。

　なお、相続が起きたことを知ってから3か月以内に限定承認も相続放棄もしなかった場合は、自動的に単純承認したものとみなされます。

　単純承認は最も一般的な相続です。

　限定承認………相続人が限定承認をしたときは、相続によって取得した財産の範囲内で被相続人の債務を負担すれ

ばよく、相続人自身の財産でその債務を弁済する責任はありません。

　相続人が限定承認をしようとするときは、相続が起きたことを知った日から３か月以内に家庭裁判所に申立てをしなければなりません。

　なお、相続人が複数いるときは、相続人全員が限定承認をする必要があります。

　相続放棄………相続人が相続放棄をしたときは、初めから相続人でなかったものとみなされます。

　相続人が相続放棄をしようとするときは、相続が起きたことを知った日から３か月以内に家庭裁判所に申立てをしなければなりません。

◆借金が有る場合の相続のしかた

相続財産の方が債務より確実に大きい	⇨	**単純承認**

相続財産と債務のどちらが大きいか不明	⇨	**限定承認（相続人全員でする）**

債務の方が相続財産より確実に大きい	⇨	**相続放棄**

※　限定承認と相続放棄は相続開始後３か月以内に家庭裁判所に申し立てることが必要です。

91 遺言書の内容に不服がある場合はどうするの？

Q ひと月前に夫が死亡しましたが、遺言書が見つかりました。内容を見ると全財産をまったくの他人にあげるというものでした。

こういった場合、相続人である私や子供（長男と次男がいます）は何も相続できないのでしょうか。

A 全財産をまったくの他人にあげるというような遺言書があっても、配偶者や子供には、遺留分の侵害額請求（民法で保障されている取り分を請求すること）ができます。

遺留分を受けることができる人

遺留分を受けることができるのは、法定相続人の内、配偶者、直系卑属（子、孫等）、直系尊属（親、祖父母等）に限られます。ですから、兄弟姉妹には、遺留分を請求する権利はないことになります。

遺留分の額

遺留分の総額は、原則として被相続人の財産の2分の1です。ただし、相続人が直系尊属だけの場合は3分の1になります。遺留分の権利のある人が複数のときは、この遺留分の額を法定相続分で配分します。

したがって、ご質問の場合、配偶者と子供の遺留分の額は次のとおりとなります。

配偶者…被相続人の財産の1/2× $\quad$ 1/2 $\quad$ = **1/4**
$\qquad\qquad$（遺留分の総額）$\quad$（法定相続分）

長男……被相続人の財産の1/2× $\;$ 1/2×1/2 $\;$ = **1/8**
$\qquad\qquad$（遺留分の総額）$\quad$（法定相続分）

次男……被相続人の財産の1/2× $\;$ 1/2×1/2 $\;$ = **1/8**
$\qquad\qquad$（遺留分の総額）$\quad$（法定相続分）

◈遺留分の権利者と遺留分の総額

遺留分の権利者	相　　続　　人	遺留分の総額
兄弟姉妹以外の相続人	配偶者と直系卑属 配偶者と直系尊属 配偶者と兄弟姉妹 直系卑属のみ 配偶者のみ	被相続人の財産の1/2
	直系尊属のみ	被相続人の財産の1/3

＊遺留分の権利のある人が複数のときは、この遺留分の総額を法定相続分で配分します。

注意点

① 遺留分が侵害されている場合、遺留分の侵害額請求といった請求の手続きが必要です。請求しなくても自動的にもらえるというわけではありません。

② 遺留分の侵害額請求をする権利は、相続の開始を知った日から１年以内に行使しないと時効になってしまいます。

---

92 遺産分割協議はどうすればいいの？　期限はあるの？

Q　遺産分割は具体的にはどのようにすればよいのでしょうか。また、期限は決まっているのでしょうか。

A　相続が起きて遺産分割が終わる前までは、相続財産は相続人の共有の状態にあります。これを相続人の間で話し合いをして、誰が何を相続するかを決めることを遺産分割協議といいます。

　遺産分割の方法は、一般に現物分割、代償分割、換価分割の3種類があります。

　それでは、遺産分割の方法、期限について具体的にみていきましょう。

遺産分割の方法

現物分割………これは、「この土地は相続人Aが相続する」といったように相続人ごとに取得する財産を決める方法で、最も一般的な方法です。

代償分割………例えば財産が一つの土地しかなく分割が難しいとき、相続人の一人がその土地を相続し残りの相続人に相続分に見合う金銭やその他の財産を渡す方法です。

換価分割………これは相続財産を売却等により処分し、金銭で分ける方法です。

現物分割

相続財産
甲土地→相続人A
乙土地→相続人B
株式──→相続人C
預金──→相続人D

参考
各分割の方法を組み合わせること
も可能です。
（例えば、現物分割と代償分割、現
物分割と換価分割等）

代償分割

相続財産
甲土地→
乙土地→
株式──→
預金──
相続人A →金銭等→
相続人B
相続人C
相続人D

換価分割

相続財産
甲土地→
乙土地→
株式──→
売却換金→金銭→
相続人A
相続人B
相続人C
相続人D

遺産分割の期限

　遺産分割の期限は特に決められていませんが、相続税の申告が必要な場合は申告期限までに分割を終わらせておくことをお勧めします。

　というのは、申告期限までに分割が確定しないと「配偶者の税額軽減（１億6,000万円もしくは法定相続分まで非課税）」や「小規模宅地の特例（80％又は50％の評価減）」が使えなくなるからです。

　もっとも、申告期限から３年以内に分割が確定すれば払いすぎた税金を還付してもらうことは可能ですが、一時的にもそれだけの税金の負担は大変なこととなるでしょう。

93 遺産分割協議書の作成例

Q 　遺産分割協議がまとまりましたが、遺産分割協議書をどのように作っていいのか分かりません。特に様式が指定されているのでしょうか。

A 　遺産分割協議書は特に様式は指定されていません。内容を明確にし、全員が自署、押印（実印）すれば結構です。併せて印鑑証明書も取っておくようにしましょう。

　なお、遺産分割協議書の作成例は次のとおりです。

◈遺産分割協議書の作成例

遺産分割協議書

　被相続人甲野太郎の遺産については、同人の相続人の全員において分割協議を行った結果、各相続人がそれぞれ次のとおり遺産を分割し、取得することに決定した。

１．相続人甲野花子が取得する財産
　(1)　豊島区東池袋〇丁目〇番　宅地200㎡
　(2)　同所同番地所在　家屋番号〇番
　　　　木造瓦葺２階建居宅　床面積100㎡
　(3)　(2)の居宅内にある家財一式

2．相続人甲野一郎が取得する財産
　(1)　△銀行池袋支店の被相続人名義の定期預金
　　　　1口　2,000万円
　(2)　□株式会社の株式　1,200株

3．相続人甲野一郎は、被相続人甲野太郎の次の債務
　を承継する。
　　　　△銀行池袋支店からの借入金　500万円

　上記のとおり相続人全員による遺産分割の協議が成
立したので、これを証するため本書を作成し、各自署
名押印する。
　　　令和4年4月28日
　　　　　豊島区東池袋○丁目○番○号
　　　　　　　　相続人　甲野花子　　㊞
　　　　　品川区東五反田○丁目○番○号
　　　　　　　　相続人　甲野一郎　　㊞

参考

① 　遺産分割協議書に押印する印鑑は、印鑑証明書の印(実
　印）を使用します。

② 　相続人のなかに未成年者がいる場合は、家庭裁判所で
　特別代理人の選任を受けて、特別代理人がその未成年者
　に代理して遺産の分割協議を行います。

③ 　遺産分割協議書中に「後日発見された遺産については
　○○が取得する」といった記載を入れることもあります。

94 不動産を単独で相続したり、店の営業を単独で引き継ぎたかったらどうする？

> **Q** 次のようなケースで何かよい相続の方法があれば教えてください。
>
> 〔ケース①〕
>
> 　父の遺産は住んでいた住宅とその他に預金と株式が少しです。私は長男で父と同居していました。そのため住宅は私が相続しようと考えていますが、そうすると他の相続人（弟、妹）の取り分が少なくなってしまいます。
>
> 〔ケース②〕
>
> 　父の遺産は店舗兼住宅とその他には商売上の資産と預金が少しあるだけです。
>
> 　私は長男で父の家業を引き継ぐことになっています。そのため店舗兼住宅と商売上の資産は、私が相続しようと考えていますが、そうすると他の相続人（弟、妹）の取り分が少なくなってしまいます。

 　あなたが、それらの財産をもらう**代償として他の相続人に金銭等の代償財産を払う方法**があります。これを代償分割といいます。

　居宅や店舗のように分割すると不都合が生じる場合、それらの財産を相続した人が、他の相続人に金銭や自己の財産を提供することで埋め合わせをするわけです。

　相続税の申告上は、代償財産を支払う人はその額を相続財産からマイナスします。代償財産をもらう人はそれを相続財産として計算します。

〔例〕

　長男が財産をすべて相続し、他の相続人(弟、妹)に各々1,000万円を支払う場合

⇩

　長男の相続財産：全相続財産－2,000万円

　弟の相続財産：1,000万円

　妹の相続財産：1,000万円

◆代償財産の支払資金

　代償分割で支払う財産は、現金で準備することに越したことはありませんが、相続財産の大部分を不動産が占めているような場合はその準備も容易なことではありません。

　そのような場合、生命保険金を利用して代償資金を準備することをお勧めします。

　つまり、被保険者を父、契約者及び受取人を長男とする生命保険に加入することにより、長男が保険金を代償財産として他の相続人にそのお金を支払えばいいわけです。

　なお、長男が受けた生命保険金は一時所得として所得税と地方税が課税されます。

代償財産には生命保険金が最適

95 不動産でなくお金で相続したかったらどうする？

Q 　父には住んでいた住宅と貸家がありましたが、それらの管理ができないので、誰がどの財産を相続するか決まっていません。このような場合どのようにしたらいいのでしょうか。

A 　財産を売却し金銭で分割（換価分割）する方法があります。

　ご質問のように財産を相続しても管理ができなかったり、相続人のうち一人が相続し他の相続人に代償金を支払いたい（代償分割）と思ってもそのお金がなかったりするような場合、その財産を売却し金銭で分ける分割のしかたもあります。

　相続税の計算は、相続した財産の評価を基に行います。財産を売却した金額ではありませんので注意してください。

◆相続税の申告は相続税評価額で

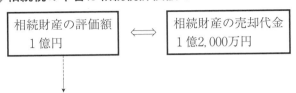

| 相続財産の評価額
1億円 | ⟺ | 相続財産の売却代金
1億2,000万円 |

相続税の申告はこの金額
（仮に相続人2人で1/2ずつ相続すると
5,000万円ずつの申告になります。）

◆換価分割をした場合の所得税

　相続財産を売却してその代金を分ける場合、通常の資産の売却と同様に譲渡所得税及び地方税がかかります。

　相続財産の売却代金が1億2,000万円、被相続人がこの財産を取得するための費用が1,000万円だとすると、差額の1億1,000万円の利益が税金の対象になります。

　仮に相続人2人が1/2ずつ相続していれば5,500万円の利益があったものとして所得税の申告が必要になります。

**相続人に未成年者や外国に住んでいる人が
いる場合の注意点**

◎　相続人に未成年者がいる時、特別代理人の選任を家庭
裁判所に申し出なければなりません。

　　この場合、仮に父親が死亡して相続人が母親と未成年
の子供だとすると、母親は子供と利益が反する（両方と
も相続人のため）ので特別代理人にはなれませんので注
意してください。

◎　相続人に外国に住んでいる人がいる場合、領事館等か
らサイン証明を取る必要があります（日本で印鑑証明書
が取れないため）。

　いずれにしても、ある程度の時間がかかるので余裕を持
って臨んでください。

相続税の納税のしかた

96 納税は申告期限までに金銭でするのが原則

 相続税の申告書がやっとできましたが、相続税の支払いはいつまでに、どのようにすればよいのでしょうか。

A 相続税の納税方法には次の3とおりあります。

原則

相続税の納税は申告期限までに一括して金銭でするのが原則になっています。

しかし、納税額が多額になると相続財産の中に現金や預金、すぐに換金できる資産が少なく、相続人個人の財産もないような場合には、期限内に納税ができない可能性もあります。

そこで、次の納税方法が認められています。

延納

延納は、簡単に言えば分割払のことです。一度に納付できないので定期的な収入（給与収入、不動産賃貸収入等）から何回かに分けて支払うものです。

延納期間は、相続財産に占める不動産の割合により違いがありますが、最長で20年です。

物納

　相続財産に金銭等が少なく、相続人に納税できるだけの個人の金銭や定期的な収入もないような場合、金銭に代えて相続財産そのもので納付する方法です。

◈あなたの納税のしかたは？

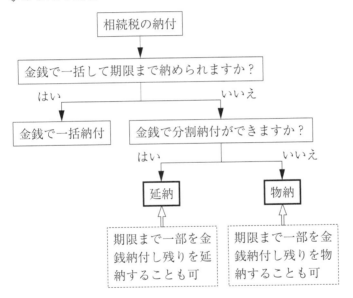

　相続の納税期限（申告期限と同じ）内に延納や物納の手続きをしないまま納税できない場合は、延滞税が課税されますので注意してください。

　延滞税は、納税期限の翌日から実際に納税を行った日までの間について、年率8.8％（納税期限の翌日から2か月以内は年2.5％）かかってきます。

（注）　令和3年のものです。現在特例がおかれており、年によって変わりますので注意してください。原則としては14.6％（申告期限から2か月以内は7.3％）です。

一括

延納

物納

292

一口情報 　相続人の一人が税金を払えないときはどうなるの？

相続税は、本来は相続や遺贈で財産を取得した人が払うべきものです。

しかし、例えば相続人の中に相続財産を自分の借金の返済に充当してしまい、相続税を払う頃には全くお金がないような人がいることもあります。

このような場合、他の相続人が相続した財産の範囲内で、この払えない税金を連帯して支払うことになります。これを「連帯納付義務」といいます。

被相続人
━長男（資力なし）
━次男
配偶者

＊この場合、配偶者と次男が連帯して
　長男の相続税を払う義務があります。
　なお、配偶者や次男が相続税の負
　担をしても原則として長男には贈与
　税はかかりません。

97 金銭での納付が一時にできないなら延納（分割払）の申請をする

Q 相続税の納付をするのですが、相続財産に預金等が少ないため一度に金銭で納付することができません。どうしたらよいでしょうか。

A 納付の期限までに延納（分割払）の申請をすることができます。

相続税は、申告期限（相続開始後10か月）内に金銭で一括して納めることが原則です。

しかし、期限内に納税資金のすべてを準備できるとは限りませんので、その場合、何回かに分けて納付する延納の制度があります。

延納のできる条件は、次のとおりです。

延納の条件

① 延納の申請書を相続税の申告期限までに提出すること

② 相続税額が10万円を超えていること

③ 担保を提供すること

④ 金銭で一時に納付することに困難な事情があること

実際に延納手続きを取る場合でも、一時に納付できる金銭が多少なりともあるときは、それを納付した後の不足額を延納することになります。

　相続財産の内容と延納期間、利子税の関係は次の表のとおりです。

◆延納期間と利子税

区　　　　　分		延納期間（最高）	延納利子税割合（年割合）	特例割合（延納特例基準割合が1.0%の場合）
相	不動産等の割合が75%以上の場合	①動産等に係る延納相続税額	10年	5.4%	0.7%
		②不動産等に係る延納相続税額相続税（③を除く）	20年	3.6%	0.4%
		③計画伐採立木の割合が20%以上の場合の計画伐採立木に係る延納相続税額	20年	1.2%	0.1%
	不動産等の割合が50%以上75%未満の場合	④動産等に係る延納相続税額	10年	5.4%	0.7%
		⑤不動産等に係る延納相続税額（⑥を除く）	15年	3.6%	0.4%
続		⑥計画伐採立木の割合が20%以上の場合の計画伐採立木に係る延納相続税額	20年	1.2%	0.1%
	不動産等の割合が50%未満の場合	⑦一般の延納相続税額（⑧、⑨及び⑩を除く）	5年	6.0%	0.8%
		⑧立木の割合が30%を超える場合の立木に係る延納相続税額（⑩を除く）	5年	4.8%	0.6%
税		⑨緑地保全地区等内の土地に係る延納相続税額	5年	4.2%	0.5%
		⑩計画伐採立木の割合が20%以上50%未満の場合の計画伐採立木に係る延納相続税額	5年	1.2%	0.1%
贈　与　税	延納贈与税額		5年	6.6%	0.9%

（注）　令和3年現在**特例割合**が適用されています。なお年によって変更があります。

98 金銭での納付が困難なら物納（相続財産で納付）の申請ができる

Q　相続税の納付をするのですが、相続財産に預金等がほとんどなく、相続人である私自身の預金等や定期収入も少ししかありません。

そのため、相続税を金銭で支払うことができません。このようなときはどうすればよいでしょうか。

A　納付の期限までに物納（相続財産で納付）の申請をすることができます。

相続した財産に換金の困難なものが多く、また、ご自身の定期収入も少なくて延納もできないような場合には、金銭の納付に代えて相続財産で納付することができます。これを物納といいます。

物納できる財産

物納できる財産は、相続や遺贈（遺言によって財産をもらうこと）により、取得したものです。また、物納する順番も次のとおり決まっています。

① 国債、地方債、不動産、船舶

② 社債、株式、証券投資信託・貸付信託の受益証券

③ 動産

ただし、不動産が自宅しかないような場合には、次順位のもの（株式等）を物納できることもあります。

物納に不適格な財産

　次のような財産は物納には不適格であるとして申請して
も却下（ダメということ）されてしまいます。

① 　担保権の設定されている財産

② 　係争中の財産

③ 　共有財産（共有者が全員同意して物納する場合は可能）

④ 　売却できる見込みのない財産

物納時の注意点

◆利子税の納付

　物納申請をした場合には、物納財産を納付するまでの期
間に応じて、利子税（注）の納付が必要となります。ただ
し、税務署の手続きに要する期間は免除されます。

（注）　平均貸付割合＋年0.5％となります。なお、令和3年は1.0％
　　　です。

◆標準的な審査期間等

　物納申請が行われた場合には、物納申請書の提出期間か
ら3か月以内に許可又は却下が行われます（審査期間）。

　申請をした方は、物納申請期限までに物納手続関係書類
の作成を行い、物納申請書に添付して提出する必要がある
ほか、提出された書類の訂正等や物納申請財産を収納する
ために必要な措置の実施についても、定められた期限まで
に行う必要があります。

◆延納から物納への変更（特定物納制度）

　延納の許可を受けた後、延納による納付が困難となった場合には、その相続税の申告期限から10年以内の申請により、一定の条件のもとで、申請の日までに分納期限の到来していない分納額に限り、延納から物納へ変更することができることになっています（特定物納制度）。

　なお、特定物納制度に係る財産の収納価額は特定物納申請時の価額となります。相続開始時の価額ではありません。

◆物納許可条件の履行が求められる場合

　物納許可後に一定の事項を履行することを条件（注）として物納の許可を行った場合に、その物納許可条件の履行を求める必要がある事象が生じたときには、物納許可後5年以内に許可条件に係る一定の事項を履行することを求める旨の通知書が送付されます。その場合、その通知書に記載された期限までに、通知書に記載された内容に基づいて措置を行う必要があります。

（注）　例えば、現在よく問題になっている土壌汚染が判明した場合、汚染物質を除却するなどして、汚染のない状態にするといったことです。

| 一口情報 | 発行会社に相続株式を売却・相続株式の物納 |

相続税の納税のために、相続した株式を、株式を発行した会社に売却して資金を作る方法があります。発行会社にとってみると自己株（金庫株ともいわれています）となります。発行会社に株式を売却した場合、出資金額と実際の売却価額との差額は、ほとんどのケースで売却した方の配当所得となり最高で55％の所得税等がかかります。しかし、相続で取得した場合は特例があり、譲渡所得とされ、20％の税率で課税されることとなりますので、かなり有利な扱いです。

また、種々の条件はありますが、相続した株式を金銭納付に代えて、物納することもできますので、一考に値すると思います。株式に譲渡制限がないことも一つの条件になっていますが、これは、物納する株式のみ譲渡制限を外すことで足ります。

物納は、国に対する売却とも考えられますが、次ページのQ99にもあるように譲渡所得としての課税はありません。

99 土地を物納できれば有利と言われるわけは？

Q 　相続財産はほとんど土地なので、一部の土地を物納しようと思っています。物納は許可されないケースもあるようですが、許可されると非常に有利だと聞いています。具体的にはどのような点が有利なのでしょうか。

A 　物納は申請しても時には許可がおりないようなケースもあります。しかし、許可された場合には次の点で有利となります。

物納は譲渡所得税が非課税

　物納とはいっても本来は土地の譲渡に該当しますので、譲渡所得の税金（国税＋地方税）の対象になるところです。しかし、物納は特例的に非課税になっています。

　ですから、相続した土地を売却して譲渡所得の税金を支払い、残金を相続税の支払いに充てるのに比べてずっと得なわけです。ただし、物納は相続税の評価額で収納（納付）になりますので、譲渡所得の税金を考慮してもそれ以上に高い金額で売却できれば、売却の方が有利になります。

> 物納財産の評価額＞売却した場合の収入－譲渡所得の税金
> この場合には物納が有利

譲渡所得が発生しても税率が低い

　物納する場合でその土地の評価額が支払う相続税より高いときには、差額は現金で還付されますが、これについては非課税にはならず譲渡所得の税金がかかってきます。

　しかし、この場合の税率は一般の売却にかかる譲渡所得の税率より低くなっています。

◆譲渡所得の税率の違い

譲渡所得（売却益）	一　般	物納（還付分）
2,000万円以下の部分	国税　　15% （注1） 地方税　5%	国税　　10% （注2） 地方税　4%
2,000万円超の部分		国税　　15% 地方税　5%

　なお、この特例税率は長期所有（売却した年の1月1日で所有期間が5年を超えるもの）の土地のみが対象になります。

（注）1　特別復興所得税を含めると15.315%です。
　　　2　特別復興所得税を含めると10.21%です。

100 納税のための土地の売却は相続税が経費になる

Q 相続した財産がほとんど不動産のため納税する資金が足りません。相続した不動産を売却するしか方法がないと思っていますが、そうするとまた譲渡所得税がかかるのではないかと心配です。どうすればいいのでしょうか。

A 相続税の納税のために相続した土地の売却は相続税が経費になります。

相続税の申告期限（相続開始から10か月以内）から３年以内に相続した財産を売却した場合には、相続税額のうちの一定額を売却物件の取得費に加算する（つまり経費になる）特例があります。

これは相続税の納税を考慮し、譲渡所得税を軽減する特例です。具体的には下記の計算になります。

【計算式】

$$\text{取得費に加算する額} = \text{確定した相続税額} \times \frac{\text{売却した土地等の評価額（甲土地の課税価格）}}{\text{課税価格合計（債務控除前）}}$$

それでは、具体的にこの取得費に加算する特例に該当するかどうかでどの程度税金が違うのか、事例で見てみまし

ょう。

〔事例〕

相続開始日：令和3年1月5日（申告期限は11月5日）

甲土地の売却日：令和4年3月31日

甲土地の売却代金：5,000万円

譲渡費用：200万円

相続人が負担した相続税：1,500万円

相続した財産の内訳	甲土地	乙土地	その他
課　税　価　格	4,000万円	2,000万円	2,000万円
被相続人が購入した時の代金	500万円	1,500万円	2,000万円
被相続人が購入した時期	昭和45年	昭和60年	－

◈甲土地の譲渡所得の金額の計算

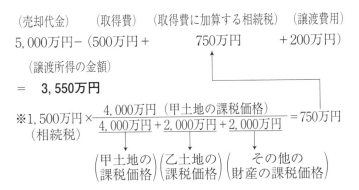

（売却代金）　　　（取得費）　（取得費に加算する相続税）　（譲渡費用）

5,000万円 －（500万円 ＋　　　　750万円　　　＋200万円）

（譲渡所得の金額）

＝　　3,550万円

※1,500万円 × $\dfrac{4,000万円（甲土地の課税価格）}{4,000万円 ＋ 2,000万円 ＋ 2,000万円}$ ＝750万円

（相続税）

（甲土地の課税価格）（乙土地の課税価格）（その他の財産の課税価格）

仮に取得費に加算する相続税の特例の適用がない場合の譲渡所得の金額を計算すると、取得費に加算する相続税の額だけ所得金額が増えて**4,300万円**になります。

　この場合の所得税等は次のとおりですが、特例の適用の有無で相当な税金の差が出ます。

	譲渡所得の金額	所 得 税 等 （国税＋地方税）
取得費に加算の特例あり	3,550万円	710万円
取得費に加算の特例なし	4,300万円	860万円

（注）復興特別所得税は考慮していません。

⇩

所得税等の差額　150万円

こんなに違う

土地の譲渡所得　→　相続税を控除

相続に関係する
その他の税金

101 不動産を相続や購入した場合の登録免許税はどのくらいかかる？

Q 　不動産を相続するのはよいのですが、登記をするのに税金がかかると聞きました。どのくらいかかるのでしょうか。

A 　不動産の相続や売買で登記をする場合には、登録免許税がかかります。

税額の計算は次のとおりです。

> **登録免許税＝不動産価額×次の表の税率**
> ⇩
> 市役所等で備え付けている固定
> 資産課税台帳に登録された価格

登　記　の　原　因		税　率	
		本則	令和4年1月1日現在
1．所有権の移転登記	売買（土地）	2.0%	1.5%（注2）
	売買（建物）	2.0%	2.0%
	贈与	2.0%	2.0%
	相続（注1）	0.4%	0.4%
2．所有権の保存登記		0.4%	0.15%（注4）
3．抵当権の設定登記（注3）		0.4%	0.1%（注4）

(注) 1 相続人に対する遺贈を含みます。
  2 令和5年3月31日まで適用されます。税制改正により延長
   されるかは未定。
  3 抵当権の設定登記の場合には、債権金額に税率を掛けます。
  4 令和6年3月31日まで適用されます。

◆納税の方法

　原則としては銀行などで現金納付し、その領収書を登記
申請書に貼り付けるのですが、税額が3万円以下等の場合
には税額相当額の印紙をそれに貼り付けることもできます。

〔参考〕

　マイホーム（家屋）を取得した場合の登録免許税に
ついては、一定の条件を満たすと税率が軽減される特
例があります。特例の税率は次のとおりです。
　① 所有権の保存登記……0.15％
　② 所有権の移転登記……新築0.1％（一戸建ては
　　　　　　　　　　　　　　　0.2％）
　　　　　　　　　　　　　中古0.3％
　③ 抵当権の設定登記……0.1％

102 不動産を相続や贈与で取得すると不動産取得税、固定資産税はどのくらいかかる？

Q 　不動産を相続したり贈与を受けたりした場合、不動産取得税、固定資産税の支払いはどうなるのでしょうか。

A 　**不動産取得税**は、土地や家屋を取得したときにかかる税金（都道府県民税）ですが、相続の場合は課税されません。なお、贈与の場合は売買で取得したと同様に課税されます。

税額の計算（不動産取得税）

不動産取得税＝不動産の価額×３％（注）

⇩

市役所等で備え付けている固定
資産課税台帳に登録された価格

（注）　宅地等の取得について課税標準を２分の１にする特例が令和
　　６年３月31日まで設けられています。

　固定資産税は毎年１月１日現在、固定資産課税台帳に登録されている資産がある場合にかかる税金（市町村民税）です。

　ですから、相続や贈与で自分名義になった不動産には毎年課税されることになります。

税額の計算（固定資産税）

〔原則〕

固定資産税＝固定資産の課税標準×1.4%

ただし、土地については30万円未満、家屋については20万円未満（同一市町村内での土地または家屋の合計額で判定)のものについては免税（税金ゼロ）になります。

〔特例〕

新築された住宅が一定の条件を満たす場合、新たに課税される年から３年分（３階建て以上の中高層耐火・準耐火住宅は５年分)に限り、120㎡までの居住用部分に相当する税額が２分の１に軽減されます。

また、住宅用地については、200㎡まで課税標準が６分の１、200㎡を超える部分は３分の１になるという特例があります。

一口情報 **相続登記はいつまでにすればいい？**

　相続登記の期限は今のところ決まっていませんが、もうすぐ（2024年予定）基本的に相続発生から３年以内となります。

　ただ、できるだけ早く登記した方がいいと思います。というのは、登記をしないうちに相続人が死亡してしまい手続きが余計に繁雑になる可能性があるからです。

相続税の調査と対応

103 相続が起きると「相続税の申告についてのご案内」が送られてくる

Q 先月、父が亡くなりましたが、相続税の申告が必要なようです。私は自営業者で所得税の確定申告書は税務署から送られてくるのですが、相続税の申告書も送られてくるのでしょうか。

A 相続が起きると通常申告期限に間に合うように「相続税の申告についてのご案内」という文書が税務署から送られてきます。

　被相続人が死亡したという事実については、税務署は市区町村役場からの通知で分かります。

　そして、署内の資料等でその被相続人の相続税の申告が必要と判断できる場合もあります。

　しかし、税務署もすべての財産を把握しているわけではありませんので、申告についての案内を相続人に送りますが、この案内の中には「相続税の申告書」と「相続についてのお尋ね（相続税申告の簡易判定シート）」が同封されており、申告が必要な人は「相続税の申告書」、不要な人は「相続についてのお尋ね（相続税申告の簡易判定シート）」をそれぞれ税務署に提出することになります。

◈「相続についてのお尋ね（相続税申告の簡易判定シート）」 の主な内容

①	被相続人の職業
②	相続人の氏名、被相続人との続柄
③	被相続人名義の不動産の種類、面積、所在地
④	被相続人が所有していた株式等の銘柄、数量
⑤	被相続人の預貯金の額、預入先
⑥	被相続人の死亡により相続人等が受け取った生命保険金額、支払いをした生命保険会社名
⑦	被相続人が死亡したため、被相続人の勤務先から相続人等が受け取った退職手当金、弔慰金等の額、支給者の名称
⑧	被相続人の死亡前3年以内に、被相続人から財産の贈与を受けている者がいる場合には、その財産の種類、数量または金額、贈与を受けた人の氏名
⑨	被相続人の借入金額、債権者の住所及び氏名

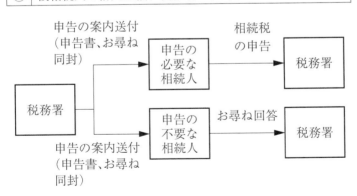

（注） 申告の案内の送付が遅れるような場合もありますので、申告の必要な方は税務署に連絡をして申告書を送ってもらうようにしましょう。

104 どのような申告が調査対象となるの？

 　　相続税の申告をすると、必ず税務調査をされ
　　るのでしょうか。一部の人が対象だとすればど
のような場合なのでしょうか。

A 　　相続税の申告書を提出した後、税務調査があるか
　　どうかは非常に気になるところです。

　一般に調査は、相続税の申告をしてから１、２年の間に
行われます。時期的には９月から12月頃（東京国税局の管
内の例）が多いようです。

　ここで、すべての申告が調査の対象となるというわけで
はなく、その基準はほぼ、下記のようなものです。

調査基準

① 　毎年の所得に比べ申告財産が少ないと考えられる
　もの

② 　死亡前（特に直前）の土地、株式等の売却代金が
　申告財産に含まれていない（少ない）と考えられる
　もの

③ 　銀行等の照会回答から相続直前に多額の預金が引
　き出されており、それが申告財産に含まれていない
　と考えられるもの

④ 　預貯金、株式等の申告がゼロもしくは極端に少な

　いもの

⑤　死亡前に多額の退職金がありながらそれが申告財産に含まれていないと考えられるもの

⑥　多額の借入金等がありながらそれに見合う申告財産がないもの

⑦　被相続人が主宰法人に対し多額の貸付金、借入金等を有するもの

⑧　遺産額が高額なもの

⑨　海外投資をされている方

　ですから、これらの基準に該当しなければ一般的には調査の対象にならないと考えて、あまり心配されなくてもいいと思います。

105 どのような調査がされるの？

Q 相続税の調査は、具体的にはどのように行われるのでしょうか。

A 相続税の調査は、大きく分けると被相続人（または相続人）の自宅で行われるもの（臨宅調査）と銀行、証券会社等で行われるものとがあります。

◈臨宅調査

臨宅調査が行われる場合は、1週間位前までに相続人（申告書を税理士が作成している場合には税理士）に電話連絡があります。そして、お互いの日程を調整しあって調査の日を決めます。

臨宅調査は、一般的には1日で終わります。ただし、問題があって再度、臨宅調査が行われるようなケースもあります。具体的な調査の内容としては、被相続人の経歴、相続人の職業等の質問から始まり、相続財産の管理状況、相続財産の把握のしかた等についても確認があります。

不動産の権利証、預金通帳、証券取引の明細書等については、被相続人だけでなく相続人のものも調査の対象になります。また、被相続人が銀行等で貸金庫を利用していた場合には、必要に応じてそれについても調査が行われます。

◈銀行、証券会社等の調査

　銀行、証券会社等の調査は、相続税の申告書に記載のあった店舗（支店等）、臨宅調査で新たに把握された店舗が中心に行われます。

　預金取引や証券取引については被相続人のものだけでなく相続人、相続人の配偶者、孫等のものについても調査が行われます。

　これは、被相続人と相続人等の間で贈与が行われたものかどうか、相続人名義の預金や株式であっても実質は被相続人のものであるかどうか等の判定をするためです。

　また、郵便貯金や割引債、金取引等の調査も併せて行われます。

```
┌─── 注意点 ────────────────────────────┐
│ ① 　被相続人の銀行口座は、被相続人の死亡により凍結さ │
│    れ引出しができなくなるため、死亡の直前にかなりの預 │
│    金を引き出していることが多くあります。相続税を申告 │
│    するときに、その預金が相続財産から漏れてしまわない │
│    ようにしましょう。                              │
│ ② 　預金や株式等で生前に被相続人から相続人等が贈与を │
│    受けていたものがある場合には、その管理運用は相続人 │
│    等が行うようにしてください。                      │
│ 　そうしないと、相続の調査で贈与が認められずに被相      │
│    続人の財産とされるケースもあります。               │
└──────────────────────────────────────┘
```

106 所得や財産が多く、財産債務調書を提出している場合の調査は？

Q 現在、所得金額が2,000万円超で所有財産の額が３億円以上（注）の場合は、財産債務調書の提出が義務付けられているようですが、財産債務調書を提出することで、今後の税務調査に何か影響はあるのでしょうか。

（注） 有価証券等の場合は１億円以上

A 財産債務調書は、一旦要件に該当し提出し始めると要件から外れない限り毎年提出することになります。そうすると、財産債務の状況を時系列的に観察することが可能となり、例えば、前年との差異の理由が同調書内で読み取れない場合、書面での問い合わせ（お尋ね）や状況に応じ税務調査が行われることが予想されます。これは、国外財産調書（注）についても同様と思われます。

（注） 5,000万円を超える国外財産を所有する者に提出義務があります。

つまり、通常、相続税調査は相続が起きないと行われませんが、財産債務調書等を提出している方は、事前調査のようなものが行われる可能性があります。

以下、調査を考慮しながらどのような点が問題となりやすいかを考えてみます。

◈前年に比較し財産が大きく減少している場合

例えば、預貯金等が大きく減少しているにもかかわらず、他の財産が増加していない場合、他の誰かにそれらの預貯金が移転しているのではとの疑問や疑いが生じます。親族への贈与等及びその申告が確認されれば問題にはならないと思われますが、それらの事実が確認されない場合は問い合わせ（お尋ね）や調査の対象になる可能性があります。

◈申告された所得が大幅に増えているのに財産は増えていない場合

所得税の申告内容に比較し、財産が増加していない場合、財産債務調書に記載されていない財産があるのではないかといった疑問や疑いが生じ、問い合わせ（お尋ね）や調査の対象になる可能性があります。

◈申告された所得が変化がないのに財産が増加している場合

何らかの所得の申告漏れがあるのではないか、といった疑問や疑いが生じ、問い合わせ（お尋ね）や調査の対象になる可能性があります。

◈財産を処分（譲渡）等した代金が、どのように化体したか分からない場合

例えば不動産や有価証券等を処分した代金が、預貯金の増加になっていない場合、財産債務調書記載の財産以外の

ものになっているのではないか、といった疑問や疑いが生じ、問い合わせ（お尋ね）や調査の対象になる可能性があります。

◆**財産債務調書の提出が必要と予想されるにもかかわらず提出していない場合**

次のようなケースは、問い合わせ（お尋ね）が行われる可能性があります。

(1)　3億円以上の資産（不動産、有価証券等）を譲渡した場合

(2)　3億円以上の財産を相続した場合（1億円以上の有価証券等を相続した場合も含む）

◆**財産債務調書中の非上場株式の株数、株価が減少している場合**

株の贈与及び会社の資産状況の変化について問い合わせがある可能性があります。

(注)　従来は、法人税申告書別表2の株主（株数）異同の情報により問い合わせや調査がありましたが、今後は財産債務調書の異同状況も大きな情報になると考えられます。

《参考》

令和4年度税制改正により、所得金額に関係なく、所有財産が10億円以上となる方も、財産債務調書を提出することが必要となる予定です。

一口情報　よく言われている名義預金とは？

　名義預金とは、名義だけ借りている預金のことで、実際の所有者は被相続人（亡くなった方）である預金です。そのため、相続税の対象となりますが、名義預金と判断されるかどうかは、元々預金を作るのに資金を出した人は誰か、通帳等の管理者は誰か、資金を誰が運用しているか、利息等を誰が受け取っているか等の各状況で判断されます。

　例えば、お子さんやお孫さん名義の預金でも、親や祖父母が資金を出して作ったもので、通帳等も親や祖父母が管理しているような場合、実質的には親や祖父母の預金と判断されることになります。

　税務調査では、名義預金なのか既に名義人の方が被相続人から贈与を受けた預金なのか（贈与を受けたのであれば名義人の預金のため相続税は課されない）がポイントになります。

107 調査を受ける前に何か準備が必要なの？

Q 相続税の申告を先日ようやく済ませましたが、税理士から「遺産額がかなり高いので調査があるかもしれませんね」と言われました。

調査を受ける場合、事前に何か準備をしておくことはあるのでしょうか。

A 税務署の調査を受ける場合はどうしても緊張するものです。

特に相続税の調査の場合、そう何度もあるわけではなく、相続人が事業をされている方ならまだしも、専業主婦だったりするとなおさらそうだと思います。できれば、早く調査を終わらせてほしいと思うのが人情でしょう。

そこで、できるだけスムースに調査を終わらせるために多少の事前準備をお勧めします。

以下、いくつかのポイントをみてみましょう。

◆預貯金関係

調査の中心はやはり預貯金取引です。被相続人、相続人の通帳等は整理しておくようにしましょう。

そして、どの通帳にどういったお金の出入りがあるのかをよく把握しておきましょう。例えば、A通帳は不動産収入と経費の支払い、B通帳は給与振込みと公共料金の支払

い、C通帳は年金の振込み等々といった具合です。

また、通帳の中での大きな金額の動きについては過去までさかのぼって（最低でも３年位）収入や支払いの原因を確認しておくことをお勧めします。

◈過去に土地や株式の売却があった場合

被相続人が、相続の起きる前に高額の土地や株式の売却を行っていた場合、その代金の入金先（銀行等）や、何かに使っていれば（例えばマンション購入等）その使途（使用目的）をできるだけ把握しておくようにしましょう。

◈借入金があった場合

被相続人が、相続の起きる前に高額の借入れを行っていた場合、その使途の確認をしておきましょう。また、借入金の返済のしかた、返済状況も併せて調べましょう。特に同族会社からの借入金については、会社の経理処理も確認してください。

◈同族会社の代表者であった場合

会社の株主（出資者）の異動状況についての確認がありますので、株主名簿等を準備された方がよいと思います。これは名義株式（名前だけ借りた株式）の有無の確認です。

以上のことを把握しておけば、調査の際ある程度のことはスムースに答えられ、調査の期間も短縮されることと思います。

108 調査で申告漏れや脱税が指摘されたらどうなるの？

調査があって仮に申告漏れや脱税が指摘されたらどうなるのでしょうか。
何か罰則のようなものがあるのでしょうか。

調査があって申告漏れや脱税が判明した場合には、やはりペナルティが課されます。

そして、単なる申告漏れと脱税とではペナルティの額に大差があります。

◆申告漏れの場合

期限内にした申告の相続税額と調査後の相続税額との差額について、10％（場合によっては一部について15％）の過少申告加算税がかかります。

また、当初申告の納税期限（申告期限）の翌日から差額の相続税を納付する日までの間、基本的に年8.8％（納期限の翌日から2か月間は2.5％（注））の延滞税がかかります。

◆脱税の場合

期限内にした申告にゴマカシやウソがあった場合には重加算税という高い加算税がかかってしまいます。税率は35％です。

324

　また、当初申告の納税期限（申告期限）の翌日から差額の相続税を納付する日までの間、年8.8％（納期限の翌日から2か月間は2.5％（注））の延滞税がかかります。

　いずれにしても余分な税金ですので、当然のことですが当初申告で済むように努力された方がいいと思います。
　なお、単なる申告漏れか脱税かは事実認定の問題ですので、税務署の調査官や税理士にそのようになった事情をよく説明しましょう。

（注）　令和3年のものです。現在特例がおかれており、年によって変わりますので注意してください。原則としては14.6％（申告期限から2か月以内は7.3％）です。

● 著者略歴

渡邉正則（わたなべ・まさのり）

　昭和36年福島県生まれ。昭和58年学習院大学経済学部卒業、東京国税局税務相談室、同課税第一部調査部門（地価税担当）等の主に資産課税に係る審理事務に従事した後、品川税務署資産課税部門主席国税調査官を最後に退職。

　平成9年8月税理士登録、中小企業診断士、CFP®、青山学院大学大学院（会計研究科）客員教授、全国事業再生税理士ネットワーク幹事。

　主な著書：平成16～令和4年度「税制改正早わかり」（共著・大蔵財務協会）、「広大地評価の実務」、「不動産・非上場株式の税務上の時価の考え方と実務への応用」、「Q＆A相続税・贈与税実務家必携ハンドブック」、「財産債務調書・国外財産調書・国外転出時課税の実務」、「Q＆A遺言・遺産分割の形態と課税関係」、「地積規模の大きな宅地の評価のポイント」「新訂版 オーナー社長のための税金と事業承継対策」（いずれも大蔵財務協会）、編集参加著書に「税務相談事例集」（大蔵財務協会）等

［新訂版］あなたのための相続税対策

令和4年4月21日　初版印刷
令和4年5月20日　初版発行

不 許
複 製

著　者　　渡　邉　正　則

（一財）大蔵財務協会　理事長
発行者　　木　村　幸　俊

発行所　　一般財団法人　大蔵財務協会
〔郵便番号　130-8585〕
東京都墨田区東駒形1丁目14番1号
（販　売　部）TEL03（3829）4141・FAX03（3829）4001
（出版編集部）TEL03（3829）4142・FAX03（3829）4005
http://www.zaikyo.or.jp

乱丁・落丁はお取替えいたします。
ISBN978-4-7547-2972-1
印刷　恵友社